Das Milgram-Experiment
"Jenseits des Schocks"

Eine erschreckende Enthüllung über Gehorsam und Autorität

in
einfachen Worten
zusammengefasst

Inhaltsverzeichnis

Einleitung   **4**

Kapitel 1: Der Hintergrund des Milgram-Experiments   5

Kapitel 2: Der Ablauf des Milgram-Experiments   6

Kapitel 3: Die Ergebnisse und Kontroversen   6

Kapitel 4: Die Bedeutung des Milgram-Experiments für die Sozialpsychologie   6

Kapitel 5: Die Aktualität des Milgram-Experiments   6

Soziale Psychologie   **8**

Kapitel 1: Der Hintergrund des Milgram-Experiments   **10**

1.1 Die Motivation von Stanley Milgram   10

1.2 Die historischen und sozialen Rahmenbedingungen   11

1.3 Die Inspiration für das Experiment   13

1.4 Der Aufbau des Experiments   14

1.5 Die ethischen Fragen   16

1.6 Die Bedeutung des historischen Kontextes   18

Kapitel 2: Der Ablauf des Milgram-Experiments   **21**

2.1 Die Rekrutierung der Teilnehmer   21

2.2 Die Rolle des "Lehrers" und des "Lerners"   22

2.3 Die Simulation von Autorität   23

2.4 Der Fragebogen und die Aufgabenstellung   24

2.5 Die emotionalen Reaktionen der Teilnehmer   26

2.6 Die Beendigung des Experiments   27

2.7 Die Nachbefragung der Teilnehmer   28

Kapitel 3: Die Ergebnisse und Interpretationen des Milgram-Experiments   **31**

3.1 Die hohe Gehorsamsrate   31

3.2 Variationen des Experiments   32

3.3 Individuelle Unterschiede und Faktoren, die den Gehorsam beeinflussen   34

3.4 Die emotionale Belastung der Teilnehmer   35

3.5 Kritik und Kontroversen   36

3.6 Langfristige Auswirkungen und Bedeutung des Experiments   38

Kapitel 4: Debatten und Weiterentwicklungen des Milgram-Experiments   **40**

4.1 Die ethische Debatte   40

4.2 Die Replikation und Validierung des Experiments   41

4.3 Die Bedeutung des Experiments für die Sozialpsychologie   43

4.4 Die Kritik am Experiment   44

4.5 Fortschritte in der Forschung   45

Kapitel 5: Die Relevanz des Milgram-Experiments für die heutige Zeit   **48**

5.1 Die Bedeutung für die Psychologie   48

5.2 Auswirkungen auf die Ethik   49

5.3 Relevanz für die Bildung   51

5.4 Implikationen für die Gesellschaft   52

5.5 Die Fortsetzung der Forschung   53

Heute   **56**

Einleitung

Stanley Milgram, ein amerikanischer Sozialpsychologe, entwickelte das Experiment in den frühen 1960er Jahren. Seine Motivation war von einer grundlegenden Frage geprägt: Wie kann es sein, dass Menschen den Anweisungen von Autoritäten folgen, selbst wenn diese Anweisungen unmoralisch oder grausam sind? Dieses Phänomen war für Milgram von besonderem Interesse, da er die Wurzeln des Gehorsams verstehen und die Grenzen des individuellen Handelns in autoritären Situationen erforschen wollte.

Das Milgram-Experiment wurde in einer Zeit durchgeführt, die von bedeutenden historischen Ereignissen geprägt war. Der Zweite Weltkrieg und die Nürnberger Prozesse hatten das Bewusstsein für die Bedeutung individueller Verantwortung in einer Gesellschaft geschärft. Die Frage nach den individuellen Grenzen des Gehorsams war zu dieser Zeit von großer Relevanz und bot einen fruchtbaren Boden für die Durchführung des Milgram-Experiments.

In diesem Buch werden wir das Milgram-Experiment von verschiedenen Perspektiven aus betrachten. Wir werden uns mit der Motivation von Stanley Milgram auseinandersetzen und die historischen und sozialen Rahmenbedingungen beleuchten, die das Experiment ermöglichten. Wir werden uns mit der Inspiration für das Experiment befassen, die Milgram durch den Prozess gegen Adolf Eichmann fand. Zudem werden wir den genauen Aufbau des Experiments analysieren und die ethischen Fragen diskutieren, die sich daraus ergeben.

Des Weiteren werden wir die Bedeutung des historischen Kontextes betonen, da dieser eine entscheidende Rolle für das Verständnis des Milgram-Experiments spielt. Die Denkweisen, Werte und gesellschaftlichen Normen der damaligen Zeit beeinflussten das Verhalten der Teilnehmer und trugen zu den beobachteten Reaktionen bei. Indem wir den historischen Kontext berücksichtigen, können wir die Ergebnisse des Experiments angemessen interpretieren und ihre Tragweite für das Verständnis menschlichen Verhaltens in autoritären Situationen erfassen.

Ich lade Sie ein, sich auf eine faszinierende Reise in die Welt des Milgram-Experiments zu begeben. Tauchen Sie ein in die tiefgreifenden Erkenntnisse, die das Experiment hervorgebracht hat, und reflektieren Sie gemeinsam mit uns über die ethischen Fragen, die es aufwirft. Seien Sie bereit, Ihre bisherigen Vorstellungen von Gehorsam und individuellem Handeln zu hinterfragen und neue Einsichten zu gewinnen.

Das Milgram-Experiment ist ein Meilenstein in der sozialpsychologischen Forschung, der weit über die akademische Welt hinausreicht. Es ist ein Experiment, das uns dazu auffordert, über unsere Rolle in einer Gesellschaft nachzudenken und die Mechanismen des Gehorsams zu hinterfragen. Ich hoffe, dass dieses Buch Ihnen dabei hilft, die faszinierende Welt des Milgram-Experiments zu entdecken und seine Auswirkungen auf unser Verständnis von Menschlichkeit, Moral und Verantwortung zu erkennen.

Das Milgram-Experiment gilt als eines der kontroversesten und bedeutendsten psychologischen Experimente des 20. Jahrhunderts. Durchgeführt von Stanley Milgram in den 1960er Jahren, wirft es einen tiefgreifenden Blick auf die menschliche Natur und stellt ethische Fragen, die bis heute relevant sind. In diesem Buch "Beyond the Shock: The Milgram Experiment Unveiled" werden wir die Geschichte, den Ablauf und die Auswirkungen dieses Experiments erforschen und versuchen, ein umfassendes Verständnis für die daraus gewonnenen Erkenntnisse zu entwickeln.

Kapitel 1: Der Hintergrund des Milgram-Experiments
In diesem Kapitel werden wir uns mit der Entstehungsgeschichte des Experiments befassen. Wir werden Stanley Milgrams Motivation und seine Inspiration für die Durchführung des Experiments untersuchen. Ebenso werden wir uns mit dem historischen und sozialen Kontext der Zeit auseinandersetzen, der die Rahmenbedingungen für das Experiment schuf.

Kapitel 2: Der Ablauf des Milgram-Experiments
Hier werden wir den genauen Ablauf des Experiments detailliert beleuchten. Von der Rekrutierung der Teilnehmer bis hin zur Simulation von Autorität und dem Einsatz von Schocks werden wir die einzelnen Schritte des Experiments analysieren. Wir werden die ethischen Fragen diskutieren, die sich während des Experiments stellten, und die psychologischen Mechanismen untersuchen, die zu den beobachteten Reaktionen führten.

Kapitel 3: Die Ergebnisse und Kontroversen
Dieses Kapitel widmet sich den Ergebnissen des Milgram-Experiments und den daraus resultierenden Kontroversen. Wir werden die schockierenden Gehorsamkeitsraten und die psychologischen Belastungen, denen die Teilnehmer ausgesetzt waren, untersuchen. Darüber hinaus werden wir die Kritikpunkte des Experiments diskutieren und die Auswirkungen auf das Verständnis von Ethik, Autorität und menschlichem Verhalten erörtern.

Kapitel 4: Die Bedeutung des Milgram-Experiments für die Sozialpsychologie
Hier werden wir die langfristigen Auswirkungen des Experiments auf die Sozialpsychologie und das Verständnis der menschlichen Natur erforschen. Wir werden die Theorien und Konzepte diskutieren, die aufgrund der Erkenntnisse aus dem Milgram-Experiment entwickelt wurden, wie zum Beispiel die Konformität, die Rolle der Autorität und die Verantwortung des Individuums in einer Gruppensituation.

Kapitel 5: Die Aktualität des Milgram-Experiments
In diesem Kapitel werden wir die Relevanz des Milgram-Experiments für die heutige Zeit untersuchen. Wir werden uns mit aktuellen Fallstudien und Experimenten befassen, die auf ähnliche Fragen und Themen wie das Milgram-Experiment abzielen. Zudem werden wir die ethischen Aspekte diskutieren und die Lehren, die wir aus dem Experiment ziehen können, um künftige Situationen besser zu verstehen und mit ihnen umzugehen.

Das Milgram-Experiment hat die Grenzen des menschlichen Gehorsams und die Komplexität unserer moralischen Entscheidungsprozesse aufgedeckt. Es hat uns dazu gebracht, über die Verantwortung jedes Einzelnen in sozialen Situationen nachzudenken und die Macht von Autorität zu hinterfragen. Dieses Buch soll dazu beitragen, das Milgram-Experiment aus verschiedenen Perspektiven zu betrachten und ein tiefes Verständnis für seine Bedeutung zu entwickeln. Es soll auch Anstoß geben, über unsere eigenen ethischen Entscheidungen und die Auswirkungen unseres Handelns auf andere nachzudenken.

Indem wir das Milgram-Experiment enthüllen, hoffen wir, dass wir eine Debatte anregen und zu einem besseren Verständnis der menschlichen Natur beitragen können. Letztendlich liegt es in unserer Verantwortung, aus den Lehren des Experiments zu lernen und unsere Gesellschaft so zu gestalten, dass sie auf Respekt, Ethik und individueller Verantwortung basiert.

Soziale Psychologie

Die Sozialpsychologie ist ein Teilgebiet der Psychologie, das sich mit der Erforschung des Einflusses sozialer Prozesse und sozialer Interaktionen auf das individuelle Verhalten und Erleben befasst. Sie untersucht, wie Menschen in sozialen Situationen denken, fühlen und handeln und wie individuelle Einstellungen, Überzeugungen und Verhaltensweisen durch soziale Faktoren geprägt werden.

Die Sozialpsychologie erforscht eine Vielzahl von Themen, darunter soziale Wahrnehmung, soziale Kognition, soziale Identität, soziale Normen, soziale Beeinflussung, soziale Interaktionen, Gruppendynamik, Vorurteile, Stereotype, Aggression, Altruismus, soziale Unterstützung und vieles mehr.

Ein zentrales Anliegen der Sozialpsychologie ist es, die Mechanismen und Prozesse zu verstehen, die menschliches Verhalten und Erleben in sozialen Kontexten beeinflussen. Die Sozialpsychologie betrachtet sowohl individuelles Verhalten und Erleben als auch das Zusammenspiel zwischen Individuen in sozialen Gruppen oder Gemeinschaften.

Methodisch bedient sich die Sozialpsychologie einer Vielzahl von Forschungsansätzen und Methoden, darunter experimentelle Studien, Befragungen, Beobachtungen, Feldstudien und Computersimulationen. Durch die Anwendung dieser Methoden werden empirische Daten erhoben, um Theorien zu testen, Hypothesen zu prüfen und ein umfassenderes Verständnis der sozialen Prozesse und Phänomene zu gewinnen.

Die Ergebnisse der sozialpsychologischen Forschung finden Anwendung in verschiedenen Bereichen, wie zum Beispiel in der Organisationspsychologie, der Werbung und Marketing, dem Gesundheitswesen, dem Bildungswesen und den zwischenmenschlichen Beziehungen. Sie helfen uns, soziale Probleme zu verstehen, Vorurteile und Diskriminierung zu bekämpfen, effektive Kommunikation und Zusammenarbeit zu fördern und soziale Veränderungen anzustreben.

Insgesamt ist die Sozialpsychologie von großer Bedeutung, da sie dazu beiträgt, die Komplexität des menschlichen Verhaltens und Erlebens in sozialen Kontexten zu verstehen und uns dabei hilft, unsere sozialen Beziehungen, Gruppeninteraktionen und die Auswirkungen sozialer Faktoren auf das individuelle Wohlbefinden und Verhalten besser zu begreifen.

Kapitel 1: Der Hintergrund des Milgram-Experiments

Um das Milgram-Experiment in seiner vollen Bedeutung zu verstehen, ist es wichtig, sich mit dem Hintergrund und der Entstehungsgeschichte des Experiments auseinanderzusetzen. Dieses Kapitel wird uns auf eine Reise durch die Motivation, Inspiration und den historischen Kontext führen, der die Grundlage für die Durchführung des Experiments bildete.

1.1 Die Motivation von Stanley Milgram

Stanley Milgram war von der Notwendigkeit angetrieben, die Motivationen hinter dem Gehorsam gegenüber Autoritäten zu erforschen. Als Sozialpsychologe war er davon fasziniert, wie Menschen in bestimmten Situationen bereit waren, ihre eigenen moralischen Prinzipien zu übergehen und Handlungen auszuführen, die sie unter normalen Umständen als falsch oder unmoralisch betrachten würden.

Milgram war besonders von den Verbrechen des Holocausts und der Rolle der "Gehorsamkeit gegenüber Befehlen" fasziniert. Er war besorgt darüber, dass die schrecklichen Gräueltaten, die von den Nazis begangen wurden, nicht nur von einer Handvoll fanatischer Täter ausgeführt wurden, sondern dass eine große Anzahl von Menschen an den Verbrechen beteiligt war oder zumindest bereit waren, den Befehlen gehorsam zu folgen.

Mit dem Milgram-Experiment wollte er herausfinden, ob die Befehlskette und der soziale Druck ausreichen würden, um Menschen dazu zu bringen, Handlungen auszuführen, die ihren eigenen moralischen Überzeugungen widersprachen. Seine Motivation bestand darin, die psychologischen Mechanismen hinter dem Gehorsam zu identifizieren und so ein tieferes Verständnis für menschliches Verhalten in autoritären Situationen zu gewinnen.

Milgram war sich der ethischen Bedenken im Zusammenhang mit seinem Experiment durchaus bewusst. Dennoch glaubte er, dass die Bedeutung und der potenzielle Erkenntnisgewinn des Experiments die möglichen negativen Auswirkungen rechtfertigten.

Er war fest davon überzeugt, dass das Experiment einen Einblick in die menschliche Natur und die zugrunde liegenden psychologischen Mechanismen bieten würde, die zu blindem Gehorsam führen können.

Die Motivation von Stanley Milgram bestand also darin, das Phänomen des Gehorsams zu erforschen und die Grenzen des individuellen Handelns in autoritären Situationen aufzuzeigen. Er war bestrebt, die psychologischen Faktoren zu identifizieren, die Menschen dazu bringen, Anweisungen zu befolgen, selbst wenn diese Anweisungen gegen ihre eigenen moralischen Überzeugungen verstoßen. Indem er diese Motivationen und Mechanismen besser verstand, hoffte Milgram, einen Beitrag zur Prävention von Gräueltaten und zum Aufbau einer ethischeren Gesellschaft leisten zu können.

Die Motivation von Stanley Milgram war somit eng mit seinem Wunsch verbunden, die menschliche Natur und das Verhalten in autoritären Situationen zu erforschen, um ein tieferes Verständnis für die psychologischen Kräfte des Gehorsams zu gewinnen und damit einen positiven Einfluss auf die Gesellschaft auszuüben.

1.2 Die historischen und sozialen Rahmenbedingungen

Die historischen und sozialen Rahmenbedingungen der 1960er Jahre spielten eine wichtige Rolle bei der Entstehung des Milgram-Experiments. Nach den Schrecken des Zweiten Weltkriegs und insbesondere des Holocausts war die Gesellschaft tief erschüttert und suchte nach Antworten auf die Frage, wie solch unmenschliche Gräueltaten geschehen konnten. Die Nürnberger Prozesse, bei denen Kriegsverbrecher vor Gericht gestellt wurden, lenkten die Aufmerksamkeit auf die individuelle Verantwortung für die eigenen Handlungen und die Bedeutung moralischer Prinzipien.

In dieser Zeit herrschte auch eine Atmosphäre des Wandels und der sozialen Umwälzungen. Die Bürgerrechtsbewegung, der Vietnamkrieg und die Proteste gegen die etablierte Ordnung forderten die bestehenden Machtstrukturen und Autoritäten heraus.

Die Menschen begannen, Autoritäten kritischer zu betrachten und stellten vermehrt Fragen nach der Rolle des Individuums in der Gesellschaft.

Diese historischen und sozialen Entwicklungen bildeten den Hintergrund, vor dem Stanley Milgram sein Experiment durchführte. Die Frage nach den individuellen Grenzen des Gehorsams und der Verantwortung in einer autoritären Struktur war von großer Relevanz. Milgram wollte verstehen, wie Menschen in autoritären Situationen agieren und welche Faktoren dazu führen, dass sie ihre eigenen moralischen Prinzipien ignorieren oder beiseite schieben.

Die Erfahrungen des Zweiten Weltkriegs und die Nürnberger Prozesse hatten das Bewusstsein für die Verantwortung jedes Einzelnen für seine Handlungen geschärft. Das Experiment sollte zeigen, inwieweit Menschen bereit waren, Befehlen zu gehorchen, selbst wenn diese gegen ihre eigenen moralischen Überzeugungen verstießen. Es sollte auch verdeutlichen, wie soziale Strukturen und der Druck von Autoritäten das individuelle Verhalten beeinflussen können.

Der historische und soziale Kontext der 1960er Jahre schuf somit einen fruchtbaren Boden für die Durchführung des Milgram-Experiments. Die Gesellschaft war bereit, die individuelle Verantwortung und die ethischen Implikationen von Gehorsam und Autorität zu hinterfragen. Das Experiment bot die Möglichkeit, diese Fragen zu untersuchen und einen Einblick in die psychologischen Mechanismen des Gehorsams zu gewinnen.

Es ist wichtig zu beachten, dass das Experiment in einem bestimmten historischen und sozialen Kontext durchgeführt wurde und dass seine Ergebnisse auch durch diese Rahmenbedingungen geprägt wurden. Die Relevanz und Interpretation der Ergebnisse müssen daher im Zusammenhang mit diesen Faktoren betrachtet werden.

1.3 Die Inspiration für das Experiment

Die Inspiration für das Milgram-Experiment wurde maßgeblich durch den Prozess gegen Adolf Eichmann beeinflusst. Eichmann war ein hochrangiger NS-Beamter, der für die Organisation der Deportation und Vernichtung von Millionen von Menschen während des Holocaust verantwortlich war. Milgram war fasziniert von der Frage, wie eine Person wie Eichmann, die als einfacher Bürokrat beschrieben wurde, in der Lage war, solch monströse Verbrechen zu begehen, indem sie sich einfach den Befehlen übergeordneter Autoritäten unterordnete. Dieser Fall trug maßgeblich zur Motivation und Relevanz des Experiments bei.

Der Prozess gegen Eichmann fand 1961 in Jerusalem statt und zog weltweit Aufmerksamkeit auf sich. Es wurde deutlich, dass Eichmann nicht als fanatischer Nazi oder Psychopath angesehen werden konnte, sondern vielmehr als ein durchschnittlicher Beamter, der seinen Pflichten nachkam. Dies warf eine wichtige Frage auf: Wie konnte es sein, dass jemand, der als "gewöhnlicher Mensch" angesehen wurde, an Massenmorden beteiligt sein konnte?

Dieser Fall regte Milgram dazu an, das Phänomen des Gehorsams genauer zu untersuchen. Er war davon fasziniert, wie Menschen dazu gebracht werden konnten, auf Befehl schreckliche Handlungen auszuführen, selbst wenn sie persönlich moralische Bedenken hatten. Er glaubte, dass dies auf bestimmte psychologische Mechanismen zurückzuführen war, die es Menschen ermöglichen, ihre individuellen moralischen Prinzipien in autoritären Situationen auszuschalten oder zu ignorieren.

Die Erkenntnis, dass auch scheinbar normale Menschen zu Gräueltaten fähig waren, wenn sie sich den Befehlen übergeordneter Autoritäten unterwarfen, beflügelte Milgrams Interesse an der Frage, wie weit der Gehorsam gehen kann. Er wollte verstehen, welche Faktoren und Mechanismen es ermöglichen, dass Menschen bereit sind, ihre eigenen moralischen

Überzeugungen zu opfern und sich in autoritären Strukturen zu verlieren.

Der Fall Eichmann und die damit verbundene Diskussion über individuelle Verantwortung und Gehorsam waren eine wichtige Inspiration für Milgram, das Experiment durchzuführen. Er wollte den Faktoren auf den Grund gehen, die zu blindem Gehorsam führen können, und ein besseres Verständnis dafür entwickeln, wie Menschen in autoritären Situationen handeln. Indem er die Motivationen und Mechanismen des Gehorsams erforschte, hoffte er, zur Prävention von Gräueltaten beizutragen und das Bewusstsein für die individuelle Verantwortung zu stärken.

Die Inspiration, die Milgram aus dem Fall Eichmann zog, unterstreicht die Relevanz des Experiments und dessen Bedeutung für das Verständnis der menschlichen Natur und des Verhaltens in autoritären Situationen. Es zeigt auch, wie historische Ereignisse und Fälle von Gewaltverbrechen die Forschung und das Streben nach Erkenntnis beeinflussen können.

1.4 Der Aufbau des Experiments
Der Aufbau des Milgram-Experiments war so gestaltet, dass er eine scheinbare Lernsituation simulierte, in der die Teilnehmer die Rolle des "Lehrers" einnahmen und einem "Lerner" vermeintlich elektrische Schocks verabreichten. Der Zweck dieser Konstruktion war es, den Gehorsam der Teilnehmer gegenüber der Autoritätsperson zu testen und zu beobachten, wie weit sie bereit waren zu gehen, um vermeintlichen Anweisungen Folge zu leisten.

Der erste Schritt in der Durchführung des Experiments bestand darin, Versuchsteilnehmer zu rekrutieren. Milgram suchte nach einer repräsentativen Stichprobe der Bevölkerung, um die Ergebnisse verallgemeinern zu können. Die Teilnehmer wurden über Anzeigen und persönliche Einladungen gewonnen und erhielten eine finanzielle Entschädigung für ihre Teilnahme. Es wurde Wert darauf gelegt, dass die Teilnehmer keine Erfahrung oder Vorkenntnisse in Bezug auf das Experiment hatten, um mögliche Verzerrungen zu vermeiden.

Nachdem die Teilnehmer rekrutiert wurden, fand das Experiment in einem Labor statt. Dort wurden sie von einem als "Versuchsleiter" bezeichneten Autoritätsperson empfangen. Der Versuchsleiter trug einen weißen Laborkittel, um seine Autorität und Expertise zu betonen. Diese Rolle wurde bewusst gewählt, um den Gehorsam der Teilnehmer zu verstärken.

Die Teilnehmer wurden dann in einen Raum geführt, in dem sich ein "Lerner" befand. Der Lerner war ein Schauspieler, der vorgab, an einem Lern- und Gedächtnistest teilzunehmen. Er war mit Elektroden an den Handgelenken befestigt und wurde an einen Stuhl gefesselt, um den Eindruck zu erwecken, dass er wirklich unter Stromschlägen litt.

Die Versuchspersonen wurden angewiesen, dem Lerner Wörterpaare vorzulegen und ihm anschließend Fragen dazu zu stellen. Bei falschen Antworten sollte die Versuchsperson dem Lerner einen elektrischen Schock verabreichen. Die Intensität des Schocks wurde auf einer Skala von 15 bis 450 Volt angezeigt. In Wirklichkeit waren die Schocks jedoch nicht echt, und der Lerner spielte nur seine Reaktionen vor, um den Eindruck zu erwecken, dass er tatsächlich Schmerzen empfand.

Der entscheidende Aspekt des Experiments war, dass der Versuchsleiter die Teilnehmer ermutigte oder sogar zwang, die Schocks zu erhöhen, wenn diese zögerten oder Bedenken äußerten. Der Versuchsleiter benutzte standardisierte Sätze wie "Bitte fahren Sie fort" oder "Es ist unerlässlich, dass Sie weitermachen", um den Druck auf die Teilnehmer auszuüben. Auf diese Weise wurde der Gehorsam der Teilnehmer gegenüber der Autorität getestet und analysiert.

Während des Experiments wurden verschiedene Variationen eingeführt, um verschiedene Bedingungen zu simulieren. Zum

Beispiel wurde der physische Abstand zwischen dem Lehrer und dem Lerner variiert oder ein zweiter Lehrer eingeführt, der die Anweisungen des Versuchsleiters unterstützte. Diese Variationen sollten zeigen, wie sie den Gehorsam der Teilnehmer beeinflussten.

Nachdem das Experiment abgeschlossen war, wurden den Teilnehmern die wahren Absichten und der Zweck des Experiments erklärt. Es wurde sichergestellt, dass sie die Möglichkeit hatten, Fragen zu stellen und ihre Erfahrungen zu diskutieren. Den Teilnehmern wurde auch angeboten, ihre Daten aus der Studie zurückzuziehen, wenn sie dies wünschten.

Der Aufbau des Experiments war darauf ausgerichtet, den Gehorsam der Teilnehmer gegenüber der Autoritätsperson zu untersuchen und die Grenzen des individuellen Handelns in autoritären Situationen zu erforschen. Durch die Schaffung einer scheinbaren Lernsituation und den Einsatz von Autorität und Druck wurde das Experiment konzipiert, um die Reaktionen und Verhaltensweisen der Teilnehmer zu analysieren und die psychologischen Mechanismen des Gehorsams zu verstehen.

1.5 Die ethischen Fragen

Das Milgram-Experiment stellte die ethischen Grenzen der Forschung auf eine harte Probe. Die Täuschung der Teilnehmer und die potenziellen psychischen Belastungen, denen sie ausgesetzt waren, haben zu weitreichenden ethischen Fragen geführt. Es ist wichtig, die ethischen Aspekte des Experiments kritisch zu betrachten und die Kontroversen zu analysieren, die sich daraus ergeben haben.

Eine der Hauptkritiken bezieht sich auf die Täuschung der Teilnehmer. Ihnen wurde vorgegaukelt, dass die Elektroschocks real seien und dass sie tatsächlich einem anderen Menschen Schmerzen zufügten. Diese Täuschung verstieß gegen das Prinzip der informierten Einwilligung, da die Teilnehmer nicht vollständig über die wahren Umstände des Experiments informiert wurden. Einige argumentieren, dass die Täuschung notwendig war, um die

Validität des Experiments zu gewährleisten und echte Reaktionen der Teilnehmer auf autoritäre Befehle zu erfassen. Andere hingegen kritisieren die Täuschung als unethisch und argumentieren, dass die Teilnehmer das Recht hatten, über den wahren Zweck und die Risiken des Experiments informiert zu werden.

Ein weiterer ethischer Aspekt betrifft die psychische Belastung, der die Teilnehmer während des Experiments ausgesetzt waren. Viele der Teilnehmer zeigten Anzeichen von Stress, Angst und Unbehagen, als sie gezwungen waren, vermeintlich schmerzhafte Elektroschocks zu verabreichen. Einige argumentieren, dass die Teilnehmer möglicherweise langfristige negative Auswirkungen davongetragen haben könnten. Dies wirft Fragen nach dem Wohlbefinden und der Sicherheit der Teilnehmer auf und stellt die Verantwortung des Experimentators in Frage, ihre physische und psychische Gesundheit zu schützen.

Die ethischen Bedenken im Zusammenhang mit dem Milgram-Experiment haben zu einer breiten Diskussion geführt. Einige Forscher verteidigen das Experiment als notwendiges Übel, um die sozialen Dynamiken des Gehorsams zu verstehen und wichtige Erkenntnisse über menschliches Verhalten zu gewinnen. Sie betonen, dass die Ergebnisse des Experiments dazu beigetragen haben, wichtige Einsichten in die psychologischen Mechanismen des Gehorsams und die Auswirkungen von Autoritätsfiguren auf das individuelle Handeln zu gewinnen. Andere hingegen argumentieren, dass die ethischen Bedenken die wissenschaftlichen Erkenntnisse überwiegen und dass das Experiment nicht gerechtfertigt war, insbesondere angesichts der potenziellen Schäden für die Teilnehmer.

Es ist wichtig zu betonen, dass die ethischen Standards und Richtlinien für die Durchführung von psychologischen Experimenten seit dem Milgram-Experiment erheblich weiterentwickelt wurden. Heutzutage unterliegen Experimente strengeren ethischen Überprüfungen und erfordern informierte Einwilligung der Teilnehmer, Schutz ihrer Würde und Wohlbefindens sowie eine klare Kommunikation über den Zweck und die Risiken des Experiments.

In diesem Kapitel werden wir uns ausführlich mit den ethischen Fragen im Zusammenhang mit dem Milgram-Experiment befassen. Wir werden die verschiedenen Standpunkte und Argumente analysieren und diskutieren, wie sich diese ethischen Bedenken auf das Verständnis und die Interpretation der Ergebnisse auswirken. Es ist wichtig, die ethischen Dimensionen des Experiments zu reflektieren und zu diskutieren, um daraus Lehren für zukünftige Forschungen und die Gestaltung von Experimenten zu ziehen.

1.6 Die Bedeutung des historischen Kontextes

Der historische Kontext spielt eine entscheidende Rolle für das Verständnis und die Interpretation des Milgram-Experiments. Das Experiment fand in den frühen 1960er Jahren statt, einer Zeit geprägt von bedeutenden historischen Ereignissen und gesellschaftlichen Veränderungen. Um die Bedeutung des historischen Kontextes zu verstehen, müssen wir uns mit den damaligen Denkweisen, Werten und gesellschaftlichen Normen auseinandersetzen.

Während des Zweiten Weltkriegs erlebte die Welt eine beispiellose Brutalität und Verbrechen gegen die Menschlichkeit. Die Nürnberger Prozesse, in denen die Verbrechen der Nazis verhandelt wurden, legten den Grundstein für eine Auseinandersetzung mit individueller Verantwortung und dem Gehorsam gegenüber Autoritäten. Die Gesellschaft begann sich zunehmend bewusst zu werden, dass die Folgen blinden Gehorsams und die Unterordnung unter unmoralische Befehle verheerend sein können.

In dieser Zeit entstand ein wachsendes Interesse an sozialer Psychologie und der Erforschung menschlichen Verhaltens in autoritären Situationen. Das Milgram-Experiment war eine direkte Antwort auf die Fragen, die sich aus dem Zweiten Weltkrieg und den Nürnberger Prozessen ergaben. Stanley Milgram war tief beeindruckt von den Prozessen gegen Adolf Eichmann, einem hochrangigen NS-Beamten, der für die Organisation des Holocausts verantwortlich war. Die Frage, wie normale Menschen in der Lage waren, so grausame Verbrechen zu begehen, indem sie sich einfach den Befehlen von Autoritäten unterordneten, trieb Milgram an, die psychologischen Mechanismen des Gehorsams zu erforschen.

Das Milgram-Experiment war somit stark von der historischen Erfahrung des Zweiten Weltkriegs und den daraus resultierenden Erkenntnissen geprägt. Es war ein Versuch, das Phänomen des Gehorsams unter realistischen Bedingungen zu untersuchen und die individuellen Grenzen des Handelns in autoritären Situationen aufzudecken. Die Ergebnisse des Experiments sollten helfen, die Auswirkungen von Autorität, sozialem Druck und situativen Faktoren auf das individuelle Verhalten zu verstehen.

Die Bedeutung des historischen Kontextes besteht darin, dass er uns hilft, die Ergebnisse des Milgram-Experiments angemessen zu interpretieren. Die Denkweisen, Werte und gesellschaftlichen Normen der damaligen Zeit beeinflussten das Verhalten der Teilnehmer und trugen zu den beobachteten Reaktionen bei. Es ist wichtig zu erkennen, dass die Ergebnisse des Experiments nicht isoliert betrachtet werden können, sondern in Beziehung zum historischen Kontext stehen.

Darüber hinaus hat das Milgram-Experiment einen wichtigen Beitrag zur sozialpsychologischen Forschung geleistet und die Diskussion über Autorität, Gehorsam und individuelle Verantwortung angeregt. Es hat dazu beigetragen, das Bewusstsein für die Macht sozialer Einflüsse und situativer Faktoren auf das individuelle Handeln zu schärfen. Die Erkenntnisse aus dem Experiment haben weitreichende Auswirkungen auf verschiedene Bereiche wie Ethik, Rechtswissenschaften, Soziologie und Psychologie.

In Kapitel 1.6 werden wir uns eingehend mit dem historischen Kontext des Milgram-Experiments auseinandersetzen. Wir werden die Ereignisse und Denkweisen der damaligen Zeit betrachten und analysieren, wie sie das Experiment beeinflusst haben. Durch eine genaue Untersuchung des historischen Kontextes können wir die Ergebnisse des Experiments besser verstehen und ihre Bedeutung für das Verständnis menschlichen Verhaltens in autoritären Situationen vollständig erfassen.

Dieses ausführliche Kapitel hat uns einen umfassenden Einblick in den Hintergrund des Milgram-Experiments gegeben. Wir haben die Motivation von Stanley Milgram, den historischen und sozialen Kontext sowie die ethischen Fragen, die das Experiment aufwirft, beleuchtet. Indem wir dieses Verständnis entwickeln, legen wir eine solide Grundlage für die weiteren Kapitel, in denen wir tiefer in den Ablauf, die Ergebnisse und die Auswirkungen des Experiments eintauchen werden.

Kapitel 2: Der Ablauf des Milgram-Experiments

Nachdem wir uns im vorherigen Kapitel mit dem Hintergrund und der Motivation des Milgram-Experiments befasst haben, werden wir in diesem Kapitel den genauen Ablauf des Experiments detailliert betrachten. Wir werden uns mit der Rekrutierung der Teilnehmer, der Simulation von Autorität und den spezifischen Schritten des Experiments befassen, um ein tieferes Verständnis für dessen Durchführung zu erlangen.

2.1 Die Rekrutierung der Teilnehmer

Stanley Milgram führte ein Gedächtnis- und Lernexperiment durch und rekrutierte dafür Teilnehmer über Zeitungsanzeigen. Die Anzeigen suchten nach Freiwilligen, die an dem Experiment teilnehmen wollten. Die Teilnehmer waren Männer mittleren Alters und stammten aus verschiedenen Berufsgruppen. Milgram wählte sie sorgfältig aus, um eine möglichst vielfältige Stichprobe zu erhalten und sicherzustellen, dass sie die spezifischen Kriterien des Experiments erfüllten.

Die Rekrutierung über Zeitungsanzeigen ermöglichte es Milgram, eine größere Anzahl von potenziellen Teilnehmern zu erreichen. Indem er die Anzeigen auf Freiwillige ausrichtete, die bereit waren, an einem Gedächtnis- und Lernexperiment teilzunehmen, konnte er Menschen ansprechen, die möglicherweise Interesse daran hatten, an psychologischen Studien teilzunehmen. Es ist anzumerken, dass die Anzeigen nicht spezifisch auf die Art des Experiments hinwiesen oder Informationen über den tatsächlichen Ablauf des Experiments preisgaben.

Bei der Auswahl der Teilnehmer achtete Milgram darauf, eine vielfältige Stichprobe zu erhalten. Indem er Männer mittleren Alters aus verschiedenen Berufsgruppen rekrutierte, konnte er sicherstellen, dass die Ergebnisse des Experiments auf eine breitere Bevölkerungsgruppe übertragbar waren. Es ist anzunehmen, dass diese Auswahl auch dazu diente, mögliche geschlechtsspezifische oder berufsspezifische Unterschiede im Verhalten der Teilnehmer zu untersuchen.

Es ist wichtig zu beachten, dass die Teilnehmer als "Freiwillige" angeworben wurden, was darauf hindeutet, dass sie sich bewusst dazu entschieden, an dem Experiment teilzunehmen. Dennoch ist anzumerken, dass Milgram in späteren Berichten erwähnte, dass die Teilnehmer möglicherweise nicht das volle Ausmaß des Experiments und der damit verbundenen ethischen Bedenken verstanden haben.

Insgesamt lässt sich sagen, dass Milgram seine Teilnehmer durch Zeitungsanzeigen rekrutierte, die nach Freiwilligen für ein Gedächtnis- und Lernexperiment suchten. Die Teilnehmer waren Männer mittleren Alters aus verschiedenen Berufsgruppen und wurden sorgfältig ausgewählt, um eine vielfältige Stichprobe zu erhalten und gleichzeitig die experimentellen Anforderungen zu erfüllen. Dies ermöglichte es Milgram, Daten zu sammeln und seine Hypothesen in Bezug auf das menschliche Verhalten zu testen.

2.2 Die Rolle des "Lehrers" und des "Lerners"
Im Milgram-Experiment spielten die Teilnehmer entweder die Rolle des "Lehrers" oder des "Lerners". Der "Lehrer" wurde angewiesen, Fragen an den "Lerner" zu stellen und bei falschen Antworten elektrische Schocks zu geben. Der "Lerner" war jedoch ein Schauspieler und erhielt keine tatsächlichen Schocks. Es wurde den Teilnehmern jedoch suggeriert, dass sie dem "Lerner" echte Schmerzen und Leiden zufügten.

Die Rolle des "Lehrers" war entscheidend für das eigentliche Experiment. Den Teilnehmern wurde gesagt, dass es darum ging, den Einfluss von Bestrafung auf das Lernen zu untersuchen. Sie wurden angewiesen, dem "Lerner" bei jeder falschen Antwort einen elektrischen Schock zu geben. Die Intensität der Schocks sollte mit jeder falschen Antwort erhöht werden.

Der "Lerner" war jedoch ein Schauspieler, der keine tatsächlichen Schocks erhielt. Stattdessen gab er vor, Schmerzen zu haben und reagierte auf die Schocks mit lauten Schreien und Bitten, das

Experiment abzubrechen. Diese Reaktionen sollten den Eindruck erwecken, dass der "Lerner" unter erheblichen Qualen litt.

Die Teilnehmer waren in dem Glauben, dass sie tatsächlich Schmerzen und Leiden verursachten. Sie konnten die Reaktionen des "Lerners" hören und wurden von einem Autoritätspersonal, dem Experimentleiter, dazu gedrängt, die Schocks fortzusetzen, selbst wenn sie zögerten oder Bedenken äußerten. Dieser Druck und die scheinbar leidenden Reaktionen des "Lerners" sollten die Teilnehmer dazu bringen, ihre eigenen moralischen Grenzen zu überschreiten und die Anweisungen des Experimentleiters zu befolgen.

Die Rolle des "Lehrers" und des "Lerners" im Milgram-Experiment war entscheidend für das Verhalten der Teilnehmer. Durch die Illusion, echte Schmerzen zu verursachen, und den Druck von Autoritätspersonen wurden die Teilnehmer in einen ethisch schwierigen Konflikt gebracht. Dies ermöglichte es Milgram, das Ausmaß des Gehorsams gegenüber autoritären Befehlen und die Bereitschaft der Menschen, anderen Schmerzen zuzufügen, zu untersuchen.

2.3 Die Simulation von Autorität

Ein wesentlicher Aspekt des Milgram-Experiments bestand darin, Autorität zu simulieren, um den Gehorsam der Teilnehmer gegenüber den Anweisungen des Experimentators zu fördern. Der Experimentator, der die Kontrolle über den Ablauf des Experiments hatte, trug einen weißen Laborkittel, der Autorität und Expertise symbolisierte. Diese Inszenierung sollte den Teilnehmern verdeutlichen, dass sie einer Autoritätsperson gehorchen sollten, selbst wenn ihre Handlungen moralisch bedenklich waren.

Der Laborkittel war ein wichtiges Symbol, das den Experimentator als eine Person mit Expertise und Macht darstellte. Der Experimentator trug den Kittel, um seine Position als Autoritätsperson zu betonen und den Teilnehmern das Gefühl zu vermitteln, dass er über ihnen stand. Dies sollte dazu führen, dass die Teilnehmer seine Anweisungen ernst nahmen und ihm folgten, selbst wenn sie Bedenken oder moralische Konflikte hatten.

Die Inszenierung der Autorität war ein bewusster Schritt, um den Gehorsam der Teilnehmer zu fördern. Die Teilnehmer wurden darauf konditioniert, dass sie dem Experimentator gehorchen sollten, da er als Fachmann in diesem Bereich angesehen wurde. Diese Einordnung in eine hierarchische Beziehung, in der die Autoritätsperson die Kontrolle hatte, sollte den Teilnehmern das Gefühl geben, dass sie die Verantwortung für ihre Handlungen an die Autoritätsperson abgeben konnten.

Es ist anzumerken, dass die Simulation von Autorität ein kritischer Aspekt des Experiments war, um den Gehorsam der Teilnehmer zu untersuchen. Die Teilnehmer wurden durch den Laborkittel und die vermeintliche Expertise des Experimentators dazu ermutigt, den Anweisungen zu folgen, auch wenn dies bedeutete, anderen Schmerzen zuzufügen. Die Inszenierung von Autorität trug zur Schaffung einer Umgebung bei, in der die Teilnehmer möglicherweise bereit waren, ihre eigenen moralischen Überzeugungen zu unterdrücken und den Anweisungen der Autoritätsperson zu gehorchen.

Insgesamt war die Simulation von Autorität ein zentraler Bestandteil des Milgram-Experiments. Durch den Einsatz des Laborkittels und die Darstellung des Experimentators als Autoritätsperson wurde der Gehorsam der Teilnehmer gegenüber den Anweisungen gefördert, auch wenn dies moralisch bedenkliche Handlungen beinhaltete. Dies ermöglichte es Milgram, das Ausmaß des Gehorsams gegenüber Autoritätspersonen und die Bereitschaft der Menschen, sich in ethisch schwierigen Situationen zu verhalten, genauer zu untersuchen.

2.4 Der Fragebogen und die Aufgabenstellung
Das Milgram-Experiment begann mit einem Fragebogen, der Informationen über die Persönlichkeit und das Verhalten der Teilnehmer sammeln sollte. Dieser Fragebogen diente dazu,

Hintergrundinformationen über die Teilnehmer zu erhalten und mögliche Zusammenhänge zwischen Persönlichkeitsmerkmalen und dem Reaktionsverhalten im Experiment zu untersuchen.

Nachdem die Teilnehmer den Fragebogen ausgefüllt hatten, erhielten sie eine genaue Aufgabenstellung. Sie wurden angewiesen, dem "Lerner" Fragen zu stellen und bei falschen Antworten elektrische Schocks zu verabreichen. Die Teilnehmer sollten die Intensität der Schocks mit jeder falschen Antwort erhöhen.

Es wurde den Teilnehmern suggeriert, dass sie bis zu gefährlich hohen Stufen von Stromstößen gehen würden. Die Schockgeräte waren mit Beschriftungen versehen, die die Intensität der Stromstöße anzeigten, angefangen von leichten Schocks bis hin zu extremen Stufen, die als "gefährlich" oder "XXX" gekennzeichnet waren. Dies sollte den Teilnehmern verdeutlichen, dass sie bereit sein sollten, Schmerzen und möglicherweise lebensbedrohliche Folgen für den "Lerner" zu verursachen.

Die Erhöhung der Schockintensität von Frage zu Frage war Teil des experimentellen Designs. Es ermöglichte Milgram, das Verhalten der Teilnehmer unter wachsendem Druck und steigenden ethischen Bedenken zu beobachten. Indem den Teilnehmern suggeriert wurde, dass sie die Schockintensität erhöhen müssten, sollte das Experiment den Punkt erreichen, an dem sie moralische Grenzen überschreiten und dem Druck der Autoritätsperson nachgeben würden.

Die Aufgabenstellung im Milgram-Experiment bestand darin, dem "Lerner" Fragen zu stellen und bei falschen Antworten elektrische Schocks zu geben. Die Schockintensität wurde absichtlich erhöht, um den Teilnehmern ein Gefühl des wachsenden Drucks und der Verantwortung zu vermitteln. Dieses Design sollte dazu dienen, die Bereitschaft der Teilnehmer zu erforschen, ihre eigenen moralischen Überzeugungen zu opfern und den Anweisungen des

Experimentators zu folgen, selbst wenn dies bedeutete, anderen Schmerzen zuzufügen.

2.5 Die emotionalen Reaktionen der Teilnehmer
Während des Milgram-Experiments zeigten viele Teilnehmer deutliche Anzeichen von emotionaler Belastung. Die Situation, in der sie sich befanden, führte zu starken emotionalen Reaktionen, die von Unbehagen bis hin zu Stress, Angst und Verwirrung reichten.

Viele Teilnehmer waren sichtlich unwohl, als sie die Schocks fortsetzen sollten. Sie zögerten und zeigten Widerstand gegenüber der Idee, dem "Lerner" weitere Schmerzen zuzufügen. Einige äußerten ihre Bedenken gegenüber dem Experimentator und hinterfragten die Moralität des Experiments. Diese emotionalen Reaktionen deuteten darauf hin, dass die Teilnehmer die negativen Auswirkungen ihrer Handlungen auf den "Lerner" erkannten und moralische Bedenken hatten.

Stress und Angst waren ebenfalls häufige Reaktionen der Teilnehmer. Die steigende Intensität der Schocks und der Druck seitens des Experimentators führten zu einem erhöhten Stressniveau bei den Teilnehmern. Sie waren mit einer ethisch belastenden Situation konfrontiert, in der sie gezwungen waren, zwischen ihrem eigenen Gewissen und dem Gehorsam gegenüber der Autorität zu wählen. Diese innere Konfliktsituation führte zu einer erhöhten emotionalen Belastung.

Einige Teilnehmer zeigten auch Anzeichen von Verwirrung. Sie waren möglicherweise unsicher, wie sie mit der Situation umgehen sollten, und konnten die Konsequenzen ihrer Handlungen nicht vollständig erfassen. Die Kombination aus dem Druck der Autoritätsperson und der Täuschung, dass sie tatsächlich Schmerzen verursachten, konnte zu einer Desorientierung führen.

Diese emotionalen Reaktionen der Teilnehmer verdeutlichen die ethisch schwierige Natur des Experiments und die Belastungen, die es für die Teilnehmer mit sich brachte. Die beobachteten Unbehagen, der Widerstand und die moralischen Bedenken zeigen, dass die Teilnehmer nicht gleichgültig gegenüber den Auswirkungen ihrer Handlungen waren. Das Experiment stellte sie vor eine Herausforderung, bei der sie mit ihren eigenen Wertvorstellungen und dem Druck der Situation konfrontiert wurden.

Insgesamt zeigt die Vielzahl der emotionalen Reaktionen der Teilnehmer im Milgram-Experiment, dass die ethischen Implikationen des Experiments erheblichen emotionalen Stress und Unbehagen hervorriefen. Diese Reaktionen werfen wichtige Fragen auf und verdeutlichen die Auswirkungen von Autoritätsdruck und Situationen, in denen Menschen gezwungen sind, moralische Entscheidungen zu treffen, die gegen ihre eigenen Werte verstoßen könnten.

2.6 Die Beendigung des Experiments
Das Milgram-Experiment endete entweder, wenn die Teilnehmer sich weigerten, weitere Schocks zu geben, oder wenn sie die Höchststufe der Schockintensität erreicht hatten. Das Experiment wurde beendet, um die Teilnehmer vor weiterem emotionalen Stress oder einer möglichen Gefährdung des "Lerners" zu schützen.

Wenn ein Teilnehmer ablehnte, weitere Schocks zu geben, wurde das Experiment in der Regel sofort abgebrochen. Der Experimentator akzeptierte die Entscheidung des Teilnehmers und beendete die Sitzung. In solchen Fällen war es offensichtlich, dass der Teilnehmer eine moralische Grenze erreicht hatte und nicht bereit war, den Anweisungen der Autoritätsperson weiter zu folgen.

In einigen Fällen erreichten die Teilnehmer die Höchststufe der Schockintensität, ohne sich zu weigern, weiterzumachen. In solchen Situationen beendete der Experimentator das Experiment, um zu verhindern, dass der "Lerner" weiterhin unter scheinbar gefährlichen Bedingungen leiden musste. Das Experimentator-

Team stellte sicher, dass der "Lerner" unversehrt und unbeschadet war.

Nach Abschluss des Experiments wurde den Teilnehmern eine umfassende Aufklärung über die wahre Natur des Experiments gegeben. Sie erhielten Informationen darüber, dass der "Lerner" ein Schauspieler war und keine tatsächlichen Schmerzen erlitten hatte. Dieser Debriefing-Prozess ermöglichte es den Teilnehmern, die Verwirrung oder den emotionalen Stress, den sie während des Experiments erlebt hatten, aufzulösen und das Experiment in den richtigen Kontext zu setzen.

Während des Debriefings hatten die Teilnehmer die Möglichkeit, Fragen zu stellen oder Bedenken zu äußern. Das Experimentator-Team stand bereit, um ihre Fragen zu beantworten und ihnen zusätzliche Informationen zur Verfügung zu stellen. Dieser Teil des Prozesses war wichtig, um sicherzustellen, dass die Teilnehmer das Experiment vollständig verstehen und mögliche negative Auswirkungen auf ihre psychische Gesundheit minimiert werden konnten.

Die Beendigung des Milgram-Experiments erfolgte entweder, wenn die Teilnehmer sich weigerten, weitere Schocks zu geben, oder wenn die Höchststufe der Schockintensität erreicht wurde. Den Teilnehmern wurde dann eine detaillierte Aufklärung über die wahre Natur des Experiments gegeben und sie hatten die Möglichkeit, Fragen zu stellen oder Bedenken zu äußern. Dieser Abschlussprozess war wichtig, um sicherzustellen, dass die Teilnehmer das Experiment abschließen konnten, ohne langfristige negative Auswirkungen auf ihre psychische Gesundheit zu erleben.

2.7 Die Nachbefragung der Teilnehmer

Nach Abschluss des Milgram-Experiments wurden die Teilnehmer einer umfassenden Nachbefragung unterzogen. Diese Nachbefragung diente dazu, die Empfindungen, Gedanken und Reaktionen der Teilnehmer zu erfassen. Es war ein wichtiger Schritt, um die Auswirkungen des Experiments auf die Teilnehmer zu verstehen und ihnen die Möglichkeit zu geben, ihre Erfahrungen zu reflektieren und zu verarbeiten.

Die Nachbefragung bestand aus einer Reihe von Fragen, die darauf abzielten, die emotionalen Auswirkungen des Experiments zu erfassen. Die Teilnehmer wurden gebeten, ihre Gefühle während des Experiments zu beschreiben, wie zum Beispiel Stress, Angst oder moralische Konflikte. Sie hatten auch die Möglichkeit, ihre eigenen Handlungen und Entscheidungen im Nachhinein zu reflektieren und zu bewerten.

Darüber hinaus wurden die Teilnehmer nach ihren Gedanken über die Motive und Absichten des Experimentators befragt. Sie konnten ihre Wahrnehmungen darüber äußern, warum das Experiment durchgeführt wurde und welche Rolle sie darin spielten. Diese Fragen dienten dazu, das Verständnis der Teilnehmer für den Kontext des Experiments zu erfassen und mögliche Auswirkungen auf ihre Selbstwahrnehmung zu untersuchen.

Die Nachbefragung bot den Teilnehmern auch die Möglichkeit, ihre Erfahrungen im Experiment zu verarbeiten und ihre persönlichen Reaktionen zu reflektieren. Sie konnten ihre eigenen moralischen Überzeugungen und ihre Fähigkeit, Druck von Autoritätspersonen standzuhalten, analysieren. Dieser Prozess war wichtig, um den Teilnehmern zu helfen, die emotionalen Auswirkungen des Experiments zu bewältigen und mögliche negative Folgen zu minimieren.

Die Nachbefragung der Teilnehmer war ein zentraler Aspekt des Experiments, um die psychologischen Auswirkungen des Versuchs zu erfassen. Sie ermöglichte den Teilnehmern, ihre Erfahrungen zu teilen, Fragen zu stellen und ihre Gedanken und Reaktionen zu reflektieren. Dieser Prozess trug dazu bei, ein umfassenderes Verständnis der Auswirkungen des Experiments auf die Teilnehmer zu gewinnen und mögliche ethische Bedenken zu adressieren.

In diesem Kapitel haben wir den detaillierten Ablauf des Milgram-Experiments untersucht. Wir haben uns mit der Rekrutierung der Teilnehmer, der Simulation von Autorität, den konkreten Aufgabenstellungen und den emotionalen Reaktionen der Teilnehmer auseinandergesetzt. Die detaillierte Darstellung des Experimentablaufs ermöglicht es uns, die Komplexität der Situation zu verstehen, in der sich die Teilnehmer befanden, und die Auswirkungen des Experiments auf ihr Verhalten und ihre psychische Verfassung besser zu erfassen. Im nächsten Kapitel werden wir uns eingehend mit den Ergebnissen und Interpretationen des Milgram-Experiments beschäftigen.

Kapitel 3: Die Ergebnisse und Interpretationen des Milgram-Experiments

Nachdem wir uns in den vorherigen Kapiteln mit dem Hintergrund und dem Ablauf des Milgram-Experiments befasst haben, werden wir uns nun ausführlich mit den Ergebnissen und den unterschiedlichen Interpretationen dieses bahnbrechenden Experiments auseinandersetzen. Dieses Kapitel wird uns ermöglichen, die erstaunlichen Erkenntnisse zu erkunden, die das Experiment hervorgebracht hat, und die damit verbundenen Fragen über Autorität, Gehorsam und individuelles Verhalten zu beleuchten.

3.1 Die hohe Gehorsamsrate

Ein bemerkenswertes Ergebnis des Milgram-Experiments war die hohe Gehorsamsrate der Teilnehmer. Obwohl sie scheinbar grausame Handlungen ausführten, indem sie dem "Lerner" elektrische Schocks gaben, setzten die meisten Teilnehmer die Schocks fort, solange ihnen vom Experimentator gesagt wurde, dass es notwendig sei. Diese Erkenntnis wirft wichtige Fragen auf hinsichtlich der Bereitschaft von Menschen, ihre eigenen moralischen Prinzipien zu verletzen, wenn sie einer vermeintlichen Autoritätsperson folgen.

Das Experiment enthüllte, dass eine beträchtliche Anzahl von Menschen bereit war, Schmerzen und Leiden anderen zuzufügen, wenn sie von einer Autoritätsperson dazu aufgefordert wurden. Trotz ihrer eigenen moralischen Bedenken und dem sichtbaren Unbehagen setzten die Teilnehmer die Schocks fort, da sie glaubten, dass es ihre Pflicht sei, den Anweisungen des Experimentators zu gehorchen.

Diese hohe Gehorsamsrate wirft Fragen auf über die menschliche Natur und die Faktoren, die dazu führen können, dass Menschen ihre eigenen moralischen Prinzipien in Situationen des Gehorsams gegenüber Autoritäten verletzen. Das Experiment unterstrich die Bedeutung der Rolle von Autoritätsfiguren und der sozialen Dynamik in der Beeinflussung des menschlichen Verhaltens.

Die Ergebnisse des Milgram-Experiments legen nahe, dass Menschen dazu neigen, Anweisungen von Autoritäten zu befolgen, selbst wenn diese Anweisungen moralisch fragwürdig sind. Der Druck der Autoritätsperson, die Symbolik des Laborkittels und die scheinbar leidenden Reaktionen des "Lerners" trugen dazu bei, dass die Teilnehmer bereit waren, ihre eigenen moralischen Überzeugungen aufzugeben und zu handeln, wie es ihnen befohlen wurde.

Die hohe Gehorsamsrate im Milgram-Experiment ist von erheblicher Bedeutung und wirft ethische Fragen auf. Es ist wichtig, die Bedingungen zu verstehen, unter denen Menschen bereit sind, gegen ihre moralischen Prinzipien zu handeln, um sicherzustellen, dass der Schutz der Menschenwürde und der ethischen Standards gewährleistet wird. Dieses Experiment hat dazu beigetragen, das Verständnis für den menschlichen Gehorsam und die psychologischen Mechanismen, die dazu führen, dass Menschen gegen ihre Überzeugungen handeln, zu erweitern.

3.2 Variationen des Experiments

Stanley Milgram führte verschiedene Variationen des Milgram-Experiments durch, um die Faktoren zu untersuchen, die den Gehorsam der Teilnehmer beeinflussen können. Diese Variationen ermöglichten es ihm, weitere Einsichten in das Phänomen des Gehorsams zu gewinnen und die Komplexität dieser Dynamik zu verdeutlichen.

Eine der Variationen bestand darin, die physische Nähe des "Lerners" zum "Lehrer" zu verändern. In einigen Variationen wurde der "Lerner" in unmittelbarer Nähe des "Lehrers" platziert, während in anderen Variationen eine räumliche Trennung zwischen den beiden bestand. Diese Variation sollte aufzeigen, ob die räumliche Nähe zu einer stärkeren emotionalen Reaktion und möglicherweise zu einer geringeren Bereitschaft führt, die Schocks fortzusetzen.

Eine weitere Variation betraf die Anwesenheit oder Abwesenheit von Mitversuchspersonen. In einigen Durchgängen des

Experiments waren andere Teilnehmer anwesend, die ebenfalls dem Experimentator gehorchten, während in anderen Durchgängen die Teilnehmer allein mit dem Experimentator waren. Diese Variation sollte untersuchen, ob die Anwesenheit von Gleichgesinnten den Gehorsam verstärkt oder verringert.

Darüber hinaus variierte Milgram auch die Art der Anweisungen, die der Experimentator den Teilnehmern gab. In einigen Variationen wurde der Druck und die Intensität der Anweisungen erhöht, während in anderen Variationen die Anweisungen abgeschwächt wurden. Diese Variation sollte zeigen, wie die Autoritätspersonlichkeit des Experimentators und die Art der Kommunikation den Gehorsam beeinflussen können.

Die Durchführung dieser Variationen ergab interessante Einsichten. Zum Beispiel zeigte sich, dass die räumliche Nähe des "Lerners" zum "Lehrer" tatsächlich einen Einfluss auf die Bereitschaft hatte, die Schocks fortzusetzen. Wenn der "Lerner" in unmittelbarer Nähe war, war die Hemmschwelle für die Teilnehmer höher. Die Anwesenheit von Mitversuchspersonen hatte auch Auswirkungen, wobei der Gehorsam in einigen Fällen durch sozialen Druck verstärkt wurde.

Diese Variationen des Milgram-Experiments verdeutlichen die Komplexität des Gehorsamsphänomens und zeigen, dass verschiedene Faktoren eine Rolle spielen können. Es ist nicht nur die individuelle Entscheidung eines Teilnehmers, sondern auch die soziale und situative Dynamik, die den Gehorsam beeinflusst.

Durch die Durchführung dieser Variationen konnte Milgram weitere Erkenntnisse darüber gewinnen, wie Menschen dazu gebracht werden können, gegen ihre eigenen moralischen Prinzipien zu handeln und autoritären Anweisungen zu folgen. Die Ergebnisse verdeutlichen die Bedeutung der Kontextfaktoren und der sozialen Dynamik, wenn es darum geht, das Verhalten von Menschen zu verstehen und zu erklären.

3.3 Individuelle Unterschiede und Faktoren, die den Gehorsam beeinflussen

Eine wichtige Erkenntnis aus dem Milgram-Experiment war, dass es individuelle Unterschiede in Bezug auf den Gehorsam der Teilnehmer gab. Während einige Teilnehmer eine hohe Bereitschaft zeigten, den Anweisungen des Experimentators zu folgen, gab es andere, die sich weigerten oder zögerten. Diese individuellen Unterschiede legen nahe, dass persönliche Merkmale eine Rolle bei der Beeinflussung des Gehorsams spielen können.

Ein solches persönliches Merkmal ist die Einstellung zur Autorität. Teilnehmer, die eine stärkere Tendenz hatten, Autoritätsfiguren zu gehorchen und ihre Anweisungen nicht zu hinterfragen, zeigten in der Regel einen höheren Gehorsam. Dies könnte auf eine erlernte Bereitschaft hinweisen, Autoritäten zu folgen, basierend auf früheren Erfahrungen oder sozialen Normen.

Ein weiterer Faktor, der den Gehorsam beeinflussen kann, ist das Empfinden von Verantwortung. Teilnehmer, die eine höhere Verantwortung für die Handlungen des "Lerners" empfanden, zeigten möglicherweise eine geringere Bereitschaft, die Schocks fortzusetzen. Das Gewicht der Verantwortung und die moralischen Implikationen ihrer Handlungen könnten zu einem Konflikt zwischen dem Gehorsam gegenüber der Autorität und dem eigenen Gewissen geführt haben.

Darüber hinaus zeigten die Variationen des Experiments, dass bestimmte Faktoren einen Einfluss auf den Gehorsam haben können. Zum Beispiel zeigte sich, dass die Nähe zu anderen Mitversuchspersonen den Gehorsam verstärken kann, da sozialer Druck eine Rolle spielt. Wenn andere Teilnehmer ebenfalls den Anweisungen der Autorität folgten, waren die Teilnehmer eher geneigt, dies auch zu tun.

Diese Erkenntnisse verdeutlichen, dass der Gehorsam von einer Vielzahl von individuellen Unterschieden und situativen Faktoren beeinflusst werden kann. Es ist wichtig zu beachten, dass das

Milgram-Experiment aufgrund der begrenzten Stichprobe keine abschließenden Schlussfolgerungen über die Allgemeingültigkeit dieser Ergebnisse ermöglicht. Dennoch liefert es wichtige Hinweise darauf, dass der Gehorsam nicht nur von äußeren Faktoren, sondern auch von individuellen Merkmalen und sozialen Kontexten geprägt ist.

Die Untersuchung individueller Unterschiede und Faktoren, die den Gehorsam beeinflussen, ist von großer Bedeutung, um ein umfassenderes Verständnis des menschlichen Verhaltens in autoritären Situationen zu erlangen. Diese Erkenntnisse können dazu beitragen, ethische Standards zu verbessern, die Auswirkungen von Autorität zu verstehen und Wege zu finden, um den Gehorsam in negativen Kontexten zu hinterfragen und zu begrenzen.

3.4 Die emotionale Belastung der Teilnehmer

Das Milgram-Experiment hatte erhebliche Auswirkungen auf die emotionalen Zustände der Teilnehmer. Viele von ihnen zeigten während des Experiments deutliche Anzeichen von Stress, Angst und Unbehagen. Diese emotionalen Reaktionen verdeutlichten die psychologischen Belastungen, die eine Konfrontation mit autoritären Befehlen und der Notwendigkeit, anderen Schmerzen zuzufügen, mit sich bringen kann.

Die Teilnehmer waren sichtlich unwohl, als sie angewiesen wurden, die Schocks fortzusetzen. Sie zeigten Zögern, emotionale Anspannung und sogar Tränen. Einige äußerten offen ihre Bedenken und Unbehagen gegenüber dem Experimentator. Diese Reaktionen lassen darauf schließen, dass die Teilnehmer die ethischen Implikationen ihrer Handlungen erkannten und sich von den Anweisungen der Autoritätsperson distanzieren wollten.

Die emotionale Belastung der Teilnehmer wirft wichtige Fragen im Hinblick auf das Wohlbefinden und die ethische Verantwortung von Experimenten auf. Das Milgram-Experiment ging mit erheblichen psychischen Belastungen für die Teilnehmer einher. Sie wurden mit einem moralischen Konflikt konfrontiert, bei dem sie gezwungen waren, ihre eigenen moralischen Überzeugungen zu überdenken und möglicherweise zu verletzen. Dies wirft Fragen auf, ob die Teilnehmer angemessen geschützt und unterstützt wurden und ob das potenzielle Risiko für ihr psychisches Wohlbefinden angemessen berücksichtigt wurde.

Die emotionalen Auswirkungen des Experiments betonen die Notwendigkeit, ethische Richtlinien und Standards bei der Durchführung von Experimenten zu beachten. Der Schutz der psychischen Gesundheit und des Wohlbefindens der Teilnehmer sollte eine oberste Priorität sein. Es ist wichtig sicherzustellen, dass Experimente keine unangemessene psychische Belastung verursachen und dass den Teilnehmern angemessene Unterstützung und Aufklärung zur Verfügung gestellt wird.

Die Beobachtung der emotionalen Belastung der Teilnehmer im Milgram-Experiment sollte als Mahnung dienen, dass Forscherinnen und Forscher in der Verantwortung stehen, die Auswirkungen ihrer Experimente auf das psychische Wohlbefinden der Teilnehmer sorgfältig zu berücksichtigen. Dies schließt die Durchführung von Debriefings und die Bereitstellung von Ressourcen für die Teilnehmer ein, um ihre Erfahrungen zu verarbeiten und mögliche negative Auswirkungen zu mildern.

3.5 Kritik und Kontroversen

Das Milgram-Experiment hat seit seiner Durchführung Kritik und Kontroversen hervorgerufen. Ein wesentlicher Kritikpunkt ist, dass die Teilnehmer möglicherweise nicht ausreichend über die wahre Natur des Experiments informiert wurden und dass ihre Zustimmung möglicherweise nicht vollständig informiert war. Die Täuschung über den Schauspieler, der die Schocks erhielt, und die Möglichkeit, dass sie tatsächlich Schmerzen verursachten, könnte zu einer Verletzung der ethischen Prinzipien des informierten Einverständnisses geführt haben.

Es wurden auch Bedenken hinsichtlich der potenziellen psychischen Belastungen geäußert, denen die Teilnehmer während des Experiments ausgesetzt waren. Die emotionale Belastung, die durch die Konfrontation mit dem Gehorsamsdruck und der Notwendigkeit, anderen Schmerzen zuzufügen, entstand, könnte negative Auswirkungen auf das psychische Wohlbefinden der Teilnehmer gehabt haben. Es wurde argumentiert, dass die potenziellen Risiken und die möglichen langfristigen Auswirkungen des Experiments nicht ausreichend berücksichtigt wurden.

Diese Kritikpunkte werfen wichtige Fragen zur ethischen Durchführung von Forschungsexperimenten auf. Sie betonen die Notwendigkeit, den Schutz und das Wohlbefinden der Teilnehmer zu gewährleisten, einschließlich einer umfassenden Aufklärung und Einholung informierter Zustimmung. Die Diskussion über die Grenzen des Gehorsams und die Verantwortung von Wissenschaftlern wurde durch die Kontroverse um das Milgram-Experiment stark beeinflusst.

Infolgedessen wurden ethische Richtlinien und Standards für die Durchführung von Experimenten weiterentwickelt. Die Anerkennung des Rechts der Teilnehmer auf eine umfassende Aufklärung und die Bedeutung des Schutzes ihres Wohlbefindens haben zu strengeren Richtlinien für den Umgang mit menschlichen Teilnehmern geführt. Dies umfasst die Einrichtung von Ethikkommissionen und die Durchführung sorgfältiger Risikobewertungen, um potenzielle negative Auswirkungen auf die Teilnehmer zu minimieren.

Die Kritik und Kontroversen rund um das Milgram-Experiment haben dazu beigetragen, das Bewusstsein für ethische Bedenken bei der Durchführung von Forschungsexperimenten zu schärfen. Sie haben die Diskussion über die Verantwortung der Wissenschaftler und die Notwendigkeit einer sorgfältigen Abwägung der potenziellen Risiken und Vorteile von Experimenten vorangetrieben. Dies trägt dazu bei, sicherzustellen, dass die ethischen Standards in der Forschung eingehalten werden und der Schutz der Teilnehmer immer gewährleistet ist.

3.6 Langfristige Auswirkungen und Bedeutung des Experiments

Das Milgram-Experiment hatte weitreichende Auswirkungen auf die Psychologie und die Sozialwissenschaften und hat unser Verständnis von Autorität, Gehorsam und individuellem Verhalten erheblich erweitert. Es hat einen bedeutenden Beitrag zum Studium der sozialen Dynamiken und der psychologischen Prozesse geleistet, die dazu führen können, dass Menschen gegen ihre eigenen moralischen Prinzipien handeln.

Die Erkenntnisse aus dem Milgram-Experiment wurden in vielen Bereichen der Wissenschaft angewandt und haben zu neuen Forschungsansätzen geführt. In der Organisationspsychologie wurden die Erkenntnisse über Gehorsam und Autorität genutzt, um die Dynamik in Hierarchien und Führungsstrukturen besser zu verstehen. In der Medizinethik hat das Experiment dazu beigetragen, das Bewusstsein für die Wichtigkeit des informierten Einverständnisses und des Schutzes der Rechte und des Wohlbefindens von Patienten zu stärken. In der Kriminologie haben die Erkenntnisse des Experiments zur Untersuchung der Gehorsamsdynamik in autoritären Systemen und ihrer Auswirkungen auf das individuelle Verhalten beigetragen.

Darüber hinaus hat das Milgram-Experiment die Entwicklung ethischer Richtlinien für die Durchführung von Forschungsexperimenten beeinflusst. Die Kontroversen und die Kritik um das Experiment haben das Bewusstsein für den Schutz der Teilnehmer und die Bedeutung einer umfassenden Aufklärung und Zustimmung geschärft. Die Ethikrichtlinien und Standards für die Durchführung von Experimenten wurden weiterentwickelt, um sicherzustellen, dass das Wohl und die Rechte der Teilnehmer angemessen berücksichtigt werden.

Das Milgram-Experiment hat nicht nur wichtige Erkenntnisse geliefert, sondern auch grundlegende Fragen aufgeworfen. Es hat die Diskussion über die Grenzen des Gehorsams, die Rolle der Autorität und die psychologischen Mechanismen hinter dem individuellen Verhalten angeregt. Das Experiment hat dazu beigetragen, unser Verständnis der menschlichen Natur zu vertiefen und die Auswirkungen von sozialem Druck und autoritären Befehlen zu erkunden.

Insgesamt hat das Milgram-Experiment einen großen Einfluss auf die Wissenschaft und die Gesellschaft gehabt. Es hat neue Einsichten geliefert, wichtige Fragen aufgeworfen und dazu beigetragen, ethische Standards in der Forschung zu stärken. Die Bedeutung und die Lehren aus dem Experiment bleiben relevant, um die Auswirkungen von Autorität und Gehorsam besser zu verstehen und den Schutz der Teilnehmer in wissenschaftlichen Studien zu gewährleisten.

In diesem Kapitel haben wir uns intensiv mit den Ergebnissen und Interpretationen des Milgram-Experiments auseinandergesetzt. Wir haben die hohe Gehorsamsrate der Teilnehmer, die Variationen des Experiments, individuelle Unterschiede und Faktoren, die den Gehorsam beeinflussen, die emotionale Belastung der Teilnehmer sowie die Kritik und Kontroversen betrachtet, die das Experiment begleiteten. Die langfristigen Auswirkungen und die Bedeutung des Experiments für die Forschung und die Gesellschaft wurden ebenfalls beleuchtet. Im nächsten Kapitel werden wir uns mit den Debatten und Diskussionen beschäftigen, die das Milgram-Experiment ausgelöst hat, sowie mit weiteren Fortschritten und Erkenntnissen in diesem Forschungsbereich.

Kapitel 4: Debatten und Weiterentwicklungen des Milgram-Experiments

Nachdem wir uns in den vorherigen Kapiteln mit dem Hintergrund, dem Ablauf, den Ergebnissen und den Interpretationen des Milgram-Experiments beschäftigt haben, widmen wir uns in diesem Kapitel den Debatten und Weiterentwicklungen, die das Experiment ausgelöst hat. Das Milgram-Experiment hat eine Vielzahl von Diskussionen angeregt und zu neuen Erkenntnissen in den Bereichen der Psychologie, der Ethik und der Sozialwissenschaften geführt. Wir werden uns mit kontroversen Ansichten, kritischen Stimmen und den Fortschritten in der Forschung auf diesem Gebiet auseinandersetzen.

4.1 Die ethische Debatte

Das Milgram-Experiment löste eine intensive ethische Debatte aus, die sich auf den Schutz der Teilnehmer und die potenziellen Auswirkungen auf ihr Wohlbefinden konzentrierte. Einige Kritiker argumentierten, dass das Experiment die Teilnehmer unnötigem Stress und psychischem Druck ausgesetzt habe. Diese Kritikpunkte führten zu einer verstärkten Betonung der ethischen Grundsätze und Richtlinien bei der Durchführung von Forschungsexperimenten, insbesondere im Bereich der Sozialpsychologie.

Eine zentrale Frage in der ethischen Debatte um das Milgram-Experiment war, ob die Teilnehmer angemessen über die wahre Natur des Experiments informiert wurden und ob ihre Zustimmung vollständig informiert war. Einige argumentierten, dass die Täuschung über den Schauspieler, der die Schocks erhielt, und die Möglichkeit, dass die Teilnehmer tatsächlich Schmerzen verursachten, einen Verstoß gegen die ethischen Grundsätze des informierten Einverständnisses darstellten.

Ein weiterer Kritikpunkt betraf die potenziellen psychischen Belastungen, denen die Teilnehmer während des Experiments ausgesetzt waren. Die emotionale Belastung, die durch die Konfrontation mit dem Gehorsamsdruck und der Notwendigkeit, anderen Schmerzen zuzufügen, entstand, könnte negative

Auswirkungen auf das psychische Wohlbefinden der Teilnehmer gehabt haben. Die Frage, ob das Risiko für das Wohlbefinden der Teilnehmer angemessen berücksichtigt wurde, stand im Mittelpunkt der ethischen Debatte.

Die ethische Debatte um das Milgram-Experiment hat dazu beigetragen, das Bewusstsein für die Notwendigkeit eines sorgfältigen Schutzes und einer umfassenden Aufklärung der Teilnehmer zu schärfen. Sie hat zu einer verstärkten Entwicklung und Umsetzung ethischer Richtlinien und Standards geführt, um sicherzustellen, dass das Wohl und die Rechte der Teilnehmer immer gewährleistet sind.

Diese Debatte hat auch Auswirkungen über das Milgram-Experiment hinaus gehabt und hat das Verständnis und die Praxis in der gesamten Forschungsgemeinschaft beeinflusst. Die ethische Betrachtung von Experimenten hat in vielen Bereichen der Wissenschaft an Bedeutung gewonnen, und die Diskussion über den Schutz der Teilnehmer und die Verantwortung von Wissenschaftlern wird fortgesetzt.

Insgesamt hat die ethische Debatte um das Milgram-Experiment dazu beigetragen, das Bewusstsein für ethische Grundsätze und Richtlinien bei der Durchführung von Forschungsexperimenten zu schärfen. Sie hat zu einer kritischen Reflexion über den Schutz der Teilnehmer und die potenziellen Auswirkungen auf ihr Wohlbefinden geführt. Diese Debatte hat dazu beigetragen, dass Forscherinnen und Forscher ihre ethischen Verpflichtungen gegenüber den Teilnehmern ernst nehmen und sicherstellen, dass ihre Forschung mit Integrität und Verantwortung durchgeführt wird.

4.2 Die Replikation und Validierung des Experiments
Das Milgram-Experiment wurde in den Jahren nach seiner Durchführung von verschiedenen Forschern repliziert und validiert. Diese Replikationen hatten das Ziel, die Ergebnisse des ursprünglichen Experiments zu bestätigen und die Zuverlässigkeit der Studie zu überprüfen. Im Allgemeinen bestätigten die

Replikationen die Ergebnisse des ursprünglichen Experiments und untermauerten die Aussagekraft der Studie.

Die Replikationen des Milgram-Experiments halfen dabei, die Robustheit der Befunde zu bestätigen und das Verständnis des Gehorsamsphänomens weiter zu vertiefen. Sie zeigten, dass die hohe Gehorsamsrate, die im ursprünglichen Experiment beobachtet wurde, kein isoliertes Phänomen war, sondern in verschiedenen Kontexten reproduzierbar war. Die Replikationen umfassten Variationen des ursprünglichen Experiments, in denen verschiedene Faktoren wie die Nähe des "Lerners" zum "Lehrer" oder die Anwesenheit von Mitversuchspersonen variiert wurden.

Die Bestätigung der Ergebnisse durch Replikationen war ein wichtiger Schritt zur Validierung des Milgram-Experiments. Sie trugen dazu bei, das Vertrauen in die Zuverlässigkeit und Gültigkeit der Studie zu stärken. Die Tatsache, dass die Ergebnisse in verschiedenen Replikationen konsistent waren, deutet darauf hin, dass die Befunde des Experiments nicht auf Zufall oder spezifische Umstände beschränkt waren, sondern eine breitere Relevanz und Bedeutung haben.

Die Replikationen des Milgram-Experiments hatten auch Auswirkungen auf das Verständnis des Gehorsamsphänomens und eröffneten neue Fragen und Diskussionen. Die Ergebnisse stützten die Idee, dass der Gehorsam gegenüber Autoritäten ein tiefer verwurzeltes und allgemeines menschliches Verhalten ist, das nicht auf bestimmte Kontexte oder Einzelfälle beschränkt ist. Dies führte zu weiteren Untersuchungen über die Mechanismen des Gehorsams und die individuellen Unterschiede, die den Gehorsam beeinflussen können.

Insgesamt trugen die Replikationen des Milgram-Experiments dazu bei, das Verständnis des Gehorsamsphänomens zu vertiefen und die Gültigkeit der Studie zu bestätigen. Sie bestärkten die Bedeutung und Relevanz der Befunde und förderten weiterführende Forschung und Diskussionen zu Fragen der ethischen

Verantwortung, individuellen Unterschieden und sozialen Dynamiken im Zusammenhang mit dem Gehorsam. Die Replikationen haben dazu beigetragen, dass das Milgram-Experiment zu einem wichtigen Meilenstein in der Psychologie und den Sozialwissenschaften wurde.

4.3 Die Bedeutung des Experiments für die Sozialpsychologie

Das Milgram-Experiment hatte einen signifikanten Einfluss auf das Feld der Sozialpsychologie und trug maßgeblich zum Verständnis sozialer Beziehungen, Autorität und individuellem Verhalten bei. Es führte zur Entwicklung neuer theoretischer Ansätze und regte weitere Forschungen an, die sich mit ähnlichen Themen beschäftigten.

Ein wichtiger Beitrag des Milgram-Experiments zur Sozialpsychologie war die Einführung des Konzepts des "autoritären Gehorsams". Das Experiment zeigte, dass Menschen bereit sind, gegen ihre eigenen moralischen Überzeugungen zu handeln und anderen Schaden zuzufügen, wenn ihnen von einer vermeintlichen Autoritätsperson Anweisungen gegeben werden. Diese Erkenntnis hat das Verständnis von Macht und Autorität in sozialen Beziehungen vertieft und dazu beigetragen, dass Forscherinnen und Forscher sich verstärkt mit dem Phänomen des Gehorsams auseinandersetzen.

Das Milgram-Experiment inspirierte auch weitere Forschungen, die ähnliche Themen untersuchten. Ein herausragendes Beispiel dafür ist das Stanford-Prison-Experiment, das die Dynamik von Macht und Autorität in einer simulierten Gefängnissituation untersuchte. Das Experiment erzeugte ähnliche Ergebnisse wie das Milgram-Experiment und trug dazu bei, das Verständnis von Autorität und individuellem Verhalten in Machtsituationen weiter zu vertiefen.

Darüber hinaus hatte das Milgram-Experiment einen breiteren Einfluss auf die Sozialpsychologie im Allgemeinen. Es regte zu Diskussionen über die ethische Verantwortung von Forscherinnen und Forschern an und führte zur Entwicklung strengerer ethischer

Richtlinien für die Durchführung von Experimenten mit menschlichen Teilnehmern. Es war ein Wendepunkt für das Bewusstsein der Wissenschaftsgemeinschaft hinsichtlich des Schutzes der Rechte und des Wohlbefindens von Teilnehmern in Forschungsstudien.

Insgesamt hat das Milgram-Experiment die Sozialpsychologie stark geprägt und wichtige Erkenntnisse über soziale Beziehungen, Autorität und individuelles Verhalten geliefert. Es hat neue theoretische Ansätze und Forschungsfragen angeregt und zu einer intensiven Auseinandersetzung mit dem Thema Gehorsam geführt. Das Experiment hat die Bedeutung der ethischen Durchführung von Forschungsstudien betont und zu einer erhöhten Sensibilität für den Schutz und das Wohlergehen der Teilnehmer geführt. Insgesamt hat das Milgram-Experiment das Verständnis des menschlichen Verhaltens in sozialen Kontexten erweitert und bleibt ein wichtiger Meilenstein in der Sozialpsychologie.

4.4 Die Kritik am Experiment

Obwohl das Milgram-Experiment weithin anerkannt und einflussreich ist, gab es auch Kritik und kontroverse Diskussionen darüber. Einige Kritiker argumentierten, dass das Experiment nicht die tatsächliche Natur des Gehorsams im Alltag widerspiegelt und dass die experimentelle Situation zu künstlich und unrealistisch war. Diese Kritiker betonen, dass die spezifischen Bedingungen und der hohe Druck, der im Experiment erzeugt wurde, in der realen Welt möglicherweise nicht in gleicher Weise auftreten und dass die Ergebnisse daher begrenzte Rückschlüsse auf das tatsächliche Verhalten von Menschen zulassen.

Ein weiterer Kritikpunkt betrifft die Fokussierung des Experiments auf individuelles Verhalten und die Vernachlässigung sozialer und kultureller Kontexte. Kritiker argumentieren, dass das Experiment nicht ausreichend berücksichtigte, wie soziale Normen, kulturelle Werte und die Anwesenheit anderer Personen das individuelle Verhalten beeinflussen können. Sie betonen, dass Gehorsam in einem sozialen Kontext oft durch komplexe soziale Dynamiken geprägt ist und dass das Experiment diese Aspekte nicht ausreichend berücksichtigt hat.

Ein weiterer Punkt der Kritik betrifft die ethischen Aspekte des Experiments. Einige Kritiker argumentieren, dass die Teilnehmer unnötigem Stress und psychischem Druck ausgesetzt waren, ohne angemessen über die wahre Natur des Experiments informiert zu werden. Sie betonen, dass der Schutz der Teilnehmer und die ethische Verantwortung bei der Durchführung von Experimenten von größter Bedeutung sind und dass das Milgram-Experiment möglicherweise nicht allen ethischen Standards gerecht wurde.

Diese Kritikpunkte betonen die Notwendigkeit, die Ergebnisse des Milgram-Experiments mit Vorsicht zu interpretieren und die Grenzen des Experiments anzuerkennen. Es ist wichtig zu bedenken, dass das Experiment zwar wichtige Erkenntnisse geliefert hat, aber bestimmte Einschränkungen und Kontextualisierungen erfordert, um seine Aussagekraft angemessen zu bewerten.

Trotz der Kritik hat das Milgram-Experiment dazu beigetragen, das Bewusstsein für die Komplexität des Gehorsamsphänomens zu schärfen und zu weiteren Diskussionen und Untersuchungen geführt. Es hat die Bedeutung der Berücksichtigung sozialer und kultureller Kontexte bei der Untersuchung von Gehorsam und sozialem Verhalten betont. Darüber hinaus hat die ethische Debatte um das Experiment zu einer verstärkten Sensibilität für den Schutz der Teilnehmer und die Einhaltung ethischer Standards in der Forschung geführt. Die Kritik am Experiment hat somit dazu beigetragen, das Verständnis des Gehorsamsphänomens weiterzuentwickeln und die Methoden und ethischen Richtlinien in der Sozialpsychologie zu verbessern.

4.5 Fortschritte in der Forschung

Das Milgram-Experiment hat bahnbrechende Fortschritte in der Forschung über Gehorsam, Autorität und soziales Verhalten ermöglicht. Es hat den Weg für weitere Studien geebnet, die sich mit verschiedenen Aspekten des Gehorsams befassen und ein umfassenderes Verständnis für das Phänomen entwickeln.

Eine wichtige Weiterentwicklung in der Forschung betrifft die Untersuchung der individuellen Unterschiede im Gehorsam. Neue Studien haben sich mit Faktoren wie moralischen Überzeugungen, Persönlichkeitsmerkmalen und Wertesystemen befasst und gezeigt, dass diese Faktoren eine Rolle dabei spielen, wie Menschen auf autoritäre Befehle reagieren. Das Verständnis dieser individuellen Unterschiede ist entscheidend, um zu verstehen, warum einige Menschen eher gehorsam sind als andere.

Ein weiterer Bereich der Forschung befasst sich mit der Gruppendynamik und ihrem Einfluss auf den Gehorsam. Studien haben gezeigt, dass die Anwesenheit anderer Personen, insbesondere von Gleichgesinnten, den Gehorsam beeinflussen kann. Der soziale Kontext und die Interaktion mit anderen können die Bereitschaft zur Gehorsamkeit verstärken oder verringern.

Darüber hinaus haben Untersuchungen kulturelle Unterschiede im Gehorsam untersucht. Es wurde festgestellt, dass kulturelle Werte, Normen und Erwartungen das individuelle Verhalten in autoritären Situationen beeinflussen können. Das Verständnis dieser kulturellen Unterschiede ermöglicht es, den Gehorsam in einem breiteren Kontext zu betrachten und zu analysieren.

Die Fortschritte in der Forschung nach dem Milgram-Experiment haben zu einem umfassenderen Verständnis der Komplexität des Gehorsamsphänomens geführt. Es wird anerkannt, dass der Gehorsam nicht nur von individuellen Faktoren abhängt, sondern auch von sozialen, kulturellen und situativen Aspekten beeinflusst wird. Die Vielfalt der Forschungsergebnisse hat dazu beigetragen, dass das Verständnis des Gehorsams differenzierter und nuancierter geworden ist.

Darüber hinaus haben die Fortschritte in der Forschung nach dem Milgram-Experiment dazu geführt, dass weitere Fragen und

Diskussionen angestoßen wurden. Es wird weiterhin erforscht, wie der Gehorsam in verschiedenen Kontexten, wie zum Beispiel in Organisationen, Institutionen oder politischen Systemen, entsteht und wie er beeinflusst werden kann. Diese Erkenntnisse haben Anwendung in Bereichen wie der Organisationspsychologie, der Führungsforschung und der Entwicklung von Interventionsstrategien, um unethisches oder schädliches Verhalten zu verhindern.

Insgesamt haben die Fortschritte in der Forschung nach dem Milgram-Experiment zu einem reichhaltigeren und nuancierteren Verständnis des Gehorsamsphänomens geführt. Die Untersuchung von individuellen, sozialen und kulturellen Faktoren hat dazu beigetragen, die Komplexität des Phänomens besser zu verstehen und neue Erkenntnisse für verschiedene Anwendungsbereiche zu gewinnen. Die Forschung auf diesem Gebiet wird fortgesetzt, um ein umfassenderes Bild des Gehorsams zu zeichnen und zu untersuchen, wie er in verschiedenen Kontexten beeinflusst werden kann.

In diesem Kapitel haben wir uns mit den Debatten und Weiterentwicklungen des Milgram-Experiments auseinandergesetzt. Die ethische Debatte, die Replikationen und Validierung des Experiments, die Bedeutung für die Sozialpsychologie, die Kritik am Experiment sowie die Fortschritte in der Forschung wurden ausführlich betrachtet. Das Milgram-Experiment hat zweifellos einen wichtigen Beitrag zum Verständnis von Autorität, Gehorsam und individuellem Verhalten geleistet und wird auch weiterhin ein Thema intensiver Diskussionen und Forschungen sein.

Kapitel 5: Die Relevanz des Milgram-Experiments für die heutige Zeit

Nachdem wir uns in den vorherigen Kapiteln intensiv mit dem Milgram-Experiment befasst haben, wollen wir nun die Relevanz dieses Experiments für die heutige Zeit untersuchen. Obwohl das Experiment vor über 50 Jahren durchgeführt wurde, sind die Fragen und Erkenntnisse, die es aufgeworfen hat, nach wie vor von großer Bedeutung. In diesem Kapitel werden wir uns mit den Auswirkungen des Experiments auf verschiedene Bereiche der Gesellschaft befassen und darüber diskutieren, wie seine Erkenntnisse unsere Sichtweise auf Autorität, Moral und individuelles Verhalten beeinflussen.

5.1 Die Bedeutung für die Psychologie

Das Milgram-Experiment hat einen bedeutenden Einfluss auf die Psychologie insgesamt gehabt und gilt nach wie vor als eines der bekanntesten und einflussreichsten Experimente in diesem Bereich. Es hat unser Verständnis von sozialer Einflussnahme, Gehorsam und individuellem Verhalten grundlegend erweitert.

Das Experiment hat gezeigt, dass Menschen oft bereit sind, gegen ihre eigenen moralischen Überzeugungen zu handeln, wenn sie Anweisungen von einer vermeintlichen Autoritätsperson erhalten. Diese Erkenntnis hat einen Paradigmenwechsel in der psychologischen Forschung bewirkt und zu einem tieferen Verständnis der sozialen Dynamik und der Mechanismen des Gehorsams geführt.

Die Ergebnisse des Milgram-Experiments werden weiterhin in der Sozialpsychologie angewandt, um das menschliche Verhalten in sozialen Situationen besser zu verstehen. Das Experiment hat gezeigt, dass die Macht von Autoritäten und sozialen Normen einen starken Einfluss auf das individuelle Verhalten haben kann. Es hat auch dazu beigetragen, unser Verständnis von Konformität und sozialer Einflussnahme zu erweitern.

Darüber hinaus hat das Milgram-Experiment auch in anderen Teilbereichen der Psychologie Anwendung gefunden. In der Organisationspsychologie wurde das Experiment genutzt, um die Dynamik von Macht und Gehorsam in hierarchischen Strukturen und Arbeitsumgebungen zu untersuchen. Es hat dazu beigetragen, unser Verständnis von Führungsverhalten, Machtmissbrauch und ethischem Handeln in Organisationen zu vertiefen.

Das Milgram-Experiment hat auch zu wichtigen Diskussionen über Ethik und Verantwortung in der psychologischen Forschung geführt. Es hat das Bewusstsein für den Schutz der Teilnehmer und die Notwendigkeit einer umfassenden Aufklärung und Zustimmung geschärft. Die ethischen Aspekte des Experiments haben dazu beigetragen, die Entwicklung ethischer Richtlinien und Standards für die Durchführung von Forschungsexperimenten zu fördern.

Insgesamt hat das Milgram-Experiment einen tiefgreifenden Einfluss auf die Psychologie gehabt und ist ein Eckpfeiler in unserem Verständnis von sozialer Einflussnahme, Gehorsam und individuellem Verhalten. Es hat den Weg für weitere Forschungen und Diskussionen in der Psychologie geebnet und uns geholfen, die Komplexität des menschlichen Verhaltens in sozialen Kontexten besser zu verstehen. Das Experiment bleibt auch heute noch von großer Bedeutung und wird weiterhin als wichtiger Meilenstein in der psychologischen Forschung angesehen.

5.2 Auswirkungen auf die Ethik

Das Milgram-Experiment hatte einen erheblichen Einfluss auf die Ethik der psychologischen Forschung und führte zu wichtigen Veränderungen in Bezug auf den Schutz der Teilnehmer und die Einhaltung ethischer Richtlinien.

Die ethischen Bedenken im Zusammenhang mit dem Milgram-Experiment betrafen vor allem die psychische Belastung, der die Teilnehmer ausgesetzt waren. Die Experimentatoren erzeugten einen erheblichen Stress und Druck auf die Teilnehmer, indem sie sie dazu brachten, anderen Menschen schmerzhafte elektrische

Schocks zu geben. Dies führte zu Diskussionen darüber, ob die Teilnehmer angemessen über die wahren Ziele und die potenziellen Auswirkungen des Experiments informiert wurden und ob ihre Zustimmung freiwillig und informiert war.

Die ethischen Kontroversen, die das Milgram-Experiment ausgelöst hat, führten zu einem verstärkten Fokus auf den Schutz der Teilnehmer in der psychologischen Forschung. Es wurden strengere ethische Richtlinien entwickelt, die sicherstellen sollen, dass die Teilnehmer angemessen informiert werden, ihre Zustimmung freiwillig ist und dass ihre physische und psychische Integrität geschützt wird. Die Forschungsgemeinschaft erkannte die Notwendigkeit, die ethischen Aspekte von Experimenten sorgfältig zu berücksichtigen und die Verantwortung der Wissenschaftler für das Wohlergehen der Teilnehmer zu betonen.

Darüber hinaus hat das Milgram-Experiment das Bewusstsein für die Verantwortung von Wissenschaftlern gegenüber den Menschen, die an ihren Studien teilnehmen, geschärft. Es hat die Diskussion darüber angeregt, wie Forscherinnen und Forscher ihre ethischen Verpflichtungen erfüllen können, um sicherzustellen, dass die Rechte und das Wohlergehen der Teilnehmer geschützt werden. Die Ergebnisse des Experiments haben dazu beigetragen, dass die Forschungsgemeinschaft ihre Verantwortung für ethisch korrekte und verantwortungsbewusste Forschung anerkennt und umsetzt.

Insgesamt hat das Milgram-Experiment erhebliche Auswirkungen auf die ethischen Standards und Praktiken in der psychologischen Forschung gehabt. Es hat dazu geführt, dass die Schutzmechanismen für die Teilnehmer verbessert wurden und dass die Einhaltung strengerer ethischer Richtlinien zur Norm geworden ist. Das Experiment hat das Bewusstsein für die Verantwortung der Wissenschaftler gegenüber den Menschen, die an ihren Studien teilnehmen, geschärft und zu einer verstärkten Sensibilität für ethische Fragen im Zusammenhang mit menschlicher Forschung geführt. Es hat dazu beigetragen, dass die psychologische Forschung verantwortungsvoll und ethisch durchgeführt wird, um sicherzustellen, dass die Rechte und das Wohlergehen der Teilnehmer geschützt werden.

5.3 Relevanz für die Bildung
Das Milgram-Experiment hat eine starke Relevanz für den Bildungsbereich und wird oft in Unterrichtseinheiten zur Sozialpsychologie und Ethik verwendet. Es dient als Fallstudie, um Schülerinnen und Schülern die Möglichkeit zu geben, sich mit Fragen der Autorität, des Gehorsams und der individuellen Verantwortung auseinanderzusetzen.

Das Experiment bietet eine einprägsame und kontroverse Grundlage für Diskussionen über die Macht von Autoritäten und die Bereitschaft von Menschen, gegen ihre eigenen moralischen Überzeugungen zu handeln. Es ermutigt die Schülerinnen und Schüler, kritisch über soziale Normen und die Auswirkungen von Autorität auf das individuelle Verhalten nachzudenken.

Durch die Analyse des Milgram-Experiments können Schülerinnen und Schüler ein tieferes Verständnis für die Bedeutung von ethischem Handeln und individueller Verantwortung entwickeln. Sie können die psychologischen und sozialen Mechanismen des Gehorsams besser verstehen und die Konsequenzen von blindem Gehorsam und moralischer Distanzierung erkennen.

Das Experiment ermutigt Schülerinnen und Schüler auch dazu, ihre eigenen moralischen Prinzipien zu hinterfragen und zu reflektieren. Sie werden dazu angeregt, sich mit der Frage auseinanderzusetzen, wie sie in ähnlichen Situationen handeln würden und wie sie ihre individuellen moralischen Überzeugungen gegenüber Autoritätspersonen verteidigen würden.

Darüber hinaus fördert das Milgram-Experiment die Entwicklung kritischen Denkens und die Fähigkeit, Informationen zu analysieren und zu bewerten. Schülerinnen und Schüler werden ermutigt, die Methodik des Experiments zu hinterfragen, potenzielle ethische

Bedenken zu diskutieren und die Übertragbarkeit der Ergebnisse auf reale Situationen zu analysieren.

Insgesamt trägt das Milgram-Experiment zur Bildung bei, indem es Schülerinnen und Schülern ermöglicht, sich mit komplexen sozialen und ethischen Fragen auseinanderzusetzen. Es fördert das kritische Denken, die Analysefähigkeiten und das Bewusstsein für die Bedeutung von individueller Verantwortung und moralischem Handeln. Die Relevanz des Experiments im Bildungsbereich liegt darin, dass es Schülerinnen und Schülern dabei hilft, ein tieferes Verständnis für soziale Interaktionen, Machtstrukturen und ethische Fragen zu entwickeln, was zu einem umfassenderen Bildungserlebnis führt.

5.4 Implikationen für die Gesellschaft
Das Milgram-Experiment hat bedeutende Implikationen für die Gesellschaft und lädt uns dazu ein, über die Natur von Autorität und die Rolle des Individuums in der Gesellschaft nachzudenken.

Das Experiment verdeutlicht, wie leicht Menschen dazu gebracht werden können, gegen ihre eigenen moralischen Prinzipien zu handeln, wenn sie Anweisungen von einer vermeintlichen Autoritätsperson erhalten. Es erinnert uns daran, wie wichtig es ist, unsere eigenen moralischen Überzeugungen zu wahren und unsere individuelle Verantwortung zu erkennen, auch wenn wir uns in Autoritätsstrukturen befinden.

Die Ergebnisse des Experiments betonen die Bedeutung von Ethik und individueller Verantwortung in unserer Gesellschaft. Sie erinnern uns daran, dass wir nicht blindlings Anweisungen folgen sollten, sondern unsere Handlungen stets kritisch hinterfragen sollten. Die Botschaft des Experiments ist, dass wir die Verantwortung haben, unsere eigenen moralischen Prinzipien zu verteidigen und uns gegen unethische oder schädliche Handlungen zu stellen, auch wenn sie von einer Autoritätsperson gefordert werden.

Das Milgram-Experiment lädt uns ein, über die Machtverhältnisse in unserer Gesellschaft nachzudenken und die Auswirkungen von Autorität und Hierarchie zu analysieren. Es fordert uns heraus, die Konsequenzen von blindem Gehorsam zu erkennen und die Notwendigkeit zu betonen, kritisch zu denken und unsere eigenen moralischen Prinzipien zu wahren.

Die Implikationen des Milgram-Experiments für die Gesellschaft sind vielfältig. Es erinnert uns daran, dass wir als Individuen eine Verantwortung haben, unsere moralischen Prinzipien zu wahren und uns gegen unethische Handlungen zu stellen. Gleichzeitig betont es die Notwendigkeit, die Macht von Autoritäten zu hinterfragen und die Bedeutung von individueller Verantwortung und moralischer Integrität in unserer Gesellschaft zu erkennen.

Insgesamt trägt das Milgram-Experiment dazu bei, ein Bewusstsein für die Konsequenzen von Autorität und Gehorsam in unserer Gesellschaft zu schaffen. Es erinnert uns daran, dass wir als Individuen eine Verantwortung haben, unser eigenes Verhalten zu reflektieren und moralische Prinzipien zu wahren. Es fordert uns auf, kritisch zu denken, moralische Dilemmata zu erkennen und uns gegen unethische Handlungen zu stellen, um eine gerechtere und ethischere Gesellschaft zu schaffen.

5.5 Die Fortsetzung der Forschung

Das Milgram-Experiment hat einen starken Anstoß für weitere Forschungen zu Autorität und Gehorsam gegeben. Die Fortsetzung der Forschung in diesem Bereich ermöglicht es uns, ein tieferes Verständnis für die Komplexität dieser Themen zu entwickeln und neue Erkenntnisse zu gewinnen.

Die heutige Forschung baut auf den Erkenntnissen des Milgram-Experiments auf und untersucht verschiedene Aspekte des Gehorsams. Ein Schwerpunkt liegt dabei auf der Untersuchung von Faktoren, die den Gehorsam beeinflussen können. Hierzu zählen zum Beispiel die Rolle der Medien und der Technologie. Es wird untersucht, wie die Verfügbarkeit von Informationen, die Art der

Kommunikation und die Darstellung von Autorität in den Medien den Gehorsam beeinflussen können.

Ein weiteres Forschungsinteresse liegt auf den kulturellen Unterschieden im Gehorsam. Studien haben gezeigt, dass kulturelle Werte, Normen und Erwartungen eine Rolle dabei spielen, wie Menschen auf autoritäre Befehle reagieren. Die Untersuchung dieser kulturellen Unterschiede ermöglicht es uns, den Gehorsam in einem breiteren kulturellen Kontext zu betrachten und zu verstehen, wie sich die sozialen Normen und Erwartungen auf das individuelle Verhalten auswirken.

Darüber hinaus gibt es auch neue Forschungen, die sich mit anderen Aspekten des Gehorsams befassen, wie zum Beispiel der Untersuchung der Rolle von Gruppendynamik, sozialer Identität und sozialer Einflussnahme. Diese Studien tragen dazu bei, ein umfassenderes Verständnis für die Mechanismen des Gehorsams zu entwickeln und wie diese in verschiedenen sozialen Kontexten wirken.

Die Fortsetzung der Forschung zu Autorität und Gehorsam ist von großer Bedeutung, um ein tieferes Verständnis für menschliches Verhalten und soziale Interaktionen zu erlangen. Diese Erkenntnisse können in verschiedenen Bereichen wie der Psychologie, der Soziologie, der Politikwissenschaft und der Organisationsentwicklung Anwendung finden. Die Forschung trägt dazu bei, unsere Gesellschaft besser zu verstehen und bietet Möglichkeiten, positive Veränderungen zu bewirken und unethisches oder schädliches Verhalten zu verhindern.

Insgesamt hat das Milgram-Experiment den Weg für eine umfangreiche und fortlaufende Forschung zu Autorität und Gehorsam bereitet. Durch die Fortsetzung der Forschung in diesem Bereich können wir ein tieferes Verständnis für die Mechanismen des Gehorsams entwickeln und die Bedeutung von individueller Verantwortung, sozialer Dynamik und kulturellen Unterschieden besser erfassen. Die Forschung bietet die Möglichkeit, positive

Veränderungen in der Gesellschaft herbeizuführen und das Wissen über menschliches Verhalten und soziale Interaktionen weiterzuentwickeln.

Das Milgram-Experiment bleibt auch in der heutigen Zeit von großer Bedeutung. Es hat unsere Sichtweise auf Autorität, Moral und individuelles Verhalten nachhaltig beeinflusst. Die Auswirkungen des Experiments reichen von der Psychologie über die Ethik bis hin zur Bildung und der gesamten Gesellschaft. Es fordert uns dazu auf, kritisch über Machtverhältnisse und die Bedeutung individueller Verantwortung nachzudenken. Die Fortsetzung der Forschung in diesem Bereich ermöglicht es uns, immer mehr über die Komplexität des Gehorsamsphänomens zu erfahren und damit einen positiven Einfluss auf unsere Gesellschaft zu nehmen.

Heute

Das Milgram-Experiment hat auch in der heutigen Zeit eine große Bedeutung. Es wirft weiterhin wichtige Fragen über die Natur von Autorität, Gehorsam und individuellem Verhalten auf, die auch heute noch relevant sind.

Erstens trägt das Milgram-Experiment zur Sensibilisierung für die potenziellen Auswirkungen von Autorität auf das individuelle Verhalten bei. In einer Zeit, in der Autoritäten und Machtstrukturen eine bedeutende Rolle spielen, ist es wichtig, sich bewusst zu sein, wie leicht Menschen dazu gebracht werden können, gegen ihre eigenen moralischen Überzeugungen zu handeln, wenn sie Anweisungen von einer Autoritätsperson erhalten. Das Experiment erinnert uns daran, dass wir unsere eigenen moralischen Prinzipien wahren und unsere individuelle Verantwortung erkennen müssen, auch wenn wir uns in Autoritätspositionen befinden oder von Autoritäten beeinflusst werden.

Zweitens hat das Milgram-Experiment das Bewusstsein für die ethischen Aspekte von Forschungsexperimenten geschärft. Es hat zu einer verstärkten Betonung des Schutzes der Teilnehmer und der Einhaltung strenger ethischer Richtlinien geführt. In der heutigen Zeit, in der die Durchführung von Forschungsexperimenten und Studien weiterhin eine wichtige Rolle spielt, dienen die Ergebnisse des Milgram-Experiments als Erinnerung daran, dass ethische Überlegungen und der Schutz der Teilnehmer immer von höchster Bedeutung sein sollten.

Drittens hat das Milgram-Experiment zu einem breiteren Verständnis der psychologischen und sozialen Mechanismen des Gehorsams beigetragen. Dieses Verständnis ist in vielen Bereichen relevant, wie zum Beispiel in der Organisationspsychologie, der Führungsentwicklung und der Entwicklung von ethischen Richtlinien für Unternehmen. Die Erkenntnisse des Experiments helfen uns, die Dynamik von Macht und Autorität besser zu verstehen und können dazu beitragen, Missbrauch von Macht zu erkennen und positive Veränderungen in Organisationen und Institutionen herbeizuführen.

Darüber hinaus hat das Milgram-Experiment auch eine breitere kulturelle und gesellschaftliche Bedeutung. Es ermutigt Menschen dazu, kritisch über die Machtverhältnisse in der Gesellschaft nachzudenken und die Bedeutung moralischer Prinzipien zu hinterfragen. In einer Zeit, in der Fragen der sozialen Gerechtigkeit, des ethischen Handelns und der individuellen Verantwortung immer präsenter werden, bleibt das Milgram-Experiment eine Erinnerung daran, wie wichtig es ist, sich gegen ungerechte oder unethische Handlungen zu stellen und unsere eigenen moralischen Prinzipien zu wahren.

Insgesamt hat das Milgram-Experiment eine anhaltende Bedeutung in der heutigen Zeit. Es erinnert uns daran, die Macht von Autoritäten zu hinterfragen, ethische Prinzipien zu wahren und unsere individuelle Verantwortung zu erkennen. Es sensibilisiert uns für die Auswirkungen von Gehorsam und ermutigt uns, kritisch über soziale Normen, Machtstrukturen und unser eigenes Verhalten nachzudenken. Es ist ein wichtiges Werkzeug, um ein tieferes Verständnis für menschliches Verhalten, soziale Interaktionen und ethisches Handeln zu entwickeln und positive Veränderungen in unserer Gesellschaft herbeizuführen.

Das Milgram-Experiment hat auch in der Berufswelt eine bedeutende Relevanz. Es trägt dazu bei, unser Verständnis von Autorität, Gehorsam und individuellem Verhalten in beruflichen Kontexten zu erweitern.

Erstens hilft das Milgram-Experiment, das Bewusstsein für die Rolle von Autoritätspersonen in Arbeitsumgebungen zu schärfen. Es zeigt auf, wie leicht Menschen dazu gebracht werden können, Anweisungen von Vorgesetzten oder Autoritäten blind zu befolgen, auch wenn sie moralisch bedenklich sind. Dies verdeutlicht die Bedeutung einer kritischen Haltung gegenüber Autorität und einer stärkeren Betonung individueller Verantwortung.

Zweitens sensibilisiert das Milgram-Experiment für die ethischen Aspekte von Führung und Management in Unternehmen. Es unterstreicht die Verantwortung von Führungskräften, ethische Prinzipien zu wahren und ihre Mitarbeiter vor schädlichem oder unethischem Verhalten zu schützen. Die Ergebnisse des Experiments ermutigen dazu, die Auswirkungen von autoritären Führungsstilen zu hinterfragen und eine Kultur der Verantwortlichkeit und des ethischen Handelns in Unternehmen zu fördern.

Drittens trägt das Milgram-Experiment zur Entwicklung von Ethikrichtlinien und -standards in der Arbeitswelt bei. Es erinnert Unternehmen und Organisationen daran, die Rechte und das Wohlergehen ihrer Mitarbeiter zu schützen und sicherzustellen, dass autoritäre Strukturen nicht zu Missbrauch oder unethischem Verhalten führen. Die Ergebnisse des Experiments haben dazu beigetragen, dass ethische Fragen in der beruflichen Praxis stärker berücksichtigt werden und die Entwicklung einer ethischen Unternehmenskultur gefördert wird.

Darüber hinaus betont das Milgram-Experiment die Bedeutung von Kommunikation, Offenheit und Transparenz in der beruflichen Zusammenarbeit. Es ermutigt dazu, eine Kultur des kritischen Denkens und des offenen Dialogs zu fördern, in der Mitarbeiter ihre Bedenken äußern können, wenn sie unethische oder problematische Anweisungen erhalten. Dies trägt dazu bei, ein Umfeld zu schaffen, in dem individuelle Verantwortung und moralisches Handeln gefördert werden.

Insgesamt hat das Milgram-Experiment in der Berufswelt eine Relevanz, indem es Unternehmen dazu auffordert, ihre Führungspraktiken zu überdenken, ethische Standards zu setzen und eine Kultur der Verantwortlichkeit und des ethischen Handelns zu fördern. Es erinnert uns daran, dass jeder Einzelne in der Arbeitswelt eine Verantwortung hat, seine moralischen Prinzipien zu wahren und sich gegen unethisches Verhalten zu stellen. Das Experiment fördert die Entwicklung einer ethischen

Unternehmenskultur, in der individuelle Verantwortung, Offenheit und Transparenz geschätzt werden und moralisches Handeln im Mittelpunkt steht.

Aus dem Milgram-Experiment lassen sich einige organisatorische Strukturen ableiten, die zur Förderung von Ethik, individueller Verantwortung und einem gesunden Arbeitsumfeld beitragen können:

- Transparenz und offene Kommunikation: Eine organisatorische Struktur, die auf Transparenz und offener Kommunikation basiert, ermöglicht den Mitarbeitern, Bedenken und ethische Fragen zu äußern. Dies schafft ein Umfeld, in dem Mitarbeiter sich sicher fühlen, ihre Stimme zu erheben, wenn sie mit unethischem Verhalten oder problematischen Anweisungen konfrontiert sind.
- Führung durch ethische Prinzipien: Eine ethische organisatorische Struktur erfordert Führungskräfte, die ethische Prinzipien verkörpern und vorleben. Führungskräfte sollten eine Kultur des ethischen Handelns fördern und Mitarbeiter dazu ermutigen, moralische Entscheidungen zu treffen und Verantwortung zu übernehmen.
- Ethikrichtlinien und -schulungen: Es ist wichtig, klare Ethikrichtlinien festzulegen und Schulungen anzubieten, um sicherzustellen, dass alle Mitarbeiter die Erwartungen und Standards des Unternehmens verstehen. Durch die Bereitstellung von Informationen und Schulungen zu ethischen Themen können Mitarbeiter befähigt werden, ethisch fundierte Entscheidungen zu treffen und unethisches Verhalten zu erkennen.
- Verantwortlichkeit und Überprüfung: Eine organisatorische Struktur, die Verantwortlichkeit und Überprüfung betont, kann dazu beitragen, unethisches Verhalten zu reduzieren. Regelmäßige Überprüfungen und Kontrollmechanismen können sicherstellen, dass ethische Standards eingehalten werden und dass Mitarbeiter zur Verantwortung gezogen werden, wenn sie gegen diese Standards verstoßen.

- Förderung eines ethischen Klimas: Eine organisatorische Struktur sollte ein positives und unterstützendes ethisches Klima fördern. Dies kann erreicht werden, indem man eine Kultur des Vertrauens, der Offenheit und des Respekts schafft, in der ethisches Handeln geschätzt wird und Mitarbeiter ermutigt werden, ihre moralischen Prinzipien zu wahren.

Diese organisatorischen Strukturen können dazu beitragen, ein Arbeitsumfeld zu schaffen, das ethisches Verhalten fördert, individuelle Verantwortung stärkt und eine Kultur des kritischen Denkens und der moralischen Integrität unterstützt. Indem Unternehmen diese Strukturen implementieren und fördern, können sie dazu beitragen, unethisches Verhalten zu minimieren und eine gesunde und ethische Arbeitsumgebung zu schaffen.

ENDE